EXCELENTE ATENCIÓN AL CLIENTE EN EL COMERCIO MINORISTA

EXCELENTE ATENCIÓN AL CLIENTE EN EL COMERCIO MINORISTA.

Serie " Excelente servicio de atención al cliente "
Por: D.K. Hawkins
Versión 1.1 ~Abril 2022
Publicado por D.K. Hawkins en KDP
Copyright ©2022 por D.K. Hawkins. Todos los derechos reservados.

Ninguna parte de esta publicación puede ser reproducida, distribuida o transmitida en cualquier forma o por cualquier medio, incluyendo fotocopias, grabaciones u otros métodos electrónicos o mecánicos, o por cualquier sistema de almacenamiento o recuperación de información, sin el permiso previo por escrito de los editores, excepto en el caso de citas muy breves incorporadas en reseñas críticas y algunos otros usos no comerciales permitidos por la ley de derechos de autor.

Quedan reservados todos los derechos, incluido el de reproducción total o parcial en cualquier formato.

Toda la información contenida en este libro se ha investigado cuidadosamente y se ha comprobado su exactitud. Sin embargo, el autor y el editor no garantizan, expresa o implícitamente, que la información contenida en este libro sea apropiada para cada individuo, situación o propósito y no asumen ninguna responsabilidad por errores u omisiones.

El lector asume el riesgo y la plena responsabilidad de todas sus acciones. El autor no será responsable de ninguna pérdida o daño, ya sea consecuente, incidental, especial o de otro tipo, que pueda resultar de la información presentada en este libro.

Todas las imágenes son de uso gratuito o han sido adquiridas en sitios de fotografías de stock o libres de derechos para uso comercial. Para la elaboración de este libro me he basado en mis propias observaciones y en muchas fuentes diferentes, y he hecho todo lo posible por comprobar los hechos y dar el crédito que corresponde. En caso de que se utilice algún material sin la debida autorización, le ruego que se ponga en contacto conmigo para corregir el descuido.

La información proporcionada en este libro tiene únicamente fines informativos y no pretende ser una fuente de asesoramiento o análisis crediticio con respecto al material presentado. La información y/o los documentos contenidos en este libro no constituyen un asesoramiento legal o financiero y nunca deben utilizarse sin consultar primero con un profesional financiero para determinar qué puede ser lo mejor para sus necesidades individuales.

El editor y el autor no ofrecen ninguna garantía ni promesa sobre los resultados que puedan obtenerse al utilizar el contenido de este libro. Nunca debe tomar ninguna decisión de inversión sin consultar primero con su propio asesor financiero y realizar su propia investigación y diligencia debida. En la medida en que lo permita la ley, el editor y el autor declinan toda responsabilidad en caso de que la información, los comentarios, los análisis, las opiniones, los consejos y/o las recomendaciones contenidas en este libro resulten ser inexactos, incompletos o poco fiables, o den lugar a pérdidas de inversión o de otro tipo.

El contenido de este libro no pretende constituir ni constituye un asesoramiento jurídico o de inversión y no se establece ninguna relación abogado-cliente. El editor y el autor proporcionan este libro y su contenido "tal cual". El uso que usted haga de la información contenida en este libro es por su cuenta y riesgo.

ÍNDICE DE CONTENIDOS.

ÍNDICE DE CONTENIDOS. 4

INTRODUCCIÓN. 7

CAPÍTULO 1 11

ATENCIÓN AL CLIENTE EN EL COMERCIO MINORISTA. 11

CAPÍTULO 2 17

LA IMPORTANCIA DE UN EXCELENTE SERVICIO AL CLIENTE EN EL COMERCIO MINORISTA. 17

CAPÍTULO 3 22

POR QUÉ FRACASAN LOS NEGOCIOS MINORISTAS? 22

CAPÍTULO 4 29

EL VÍNCULO ENTRE LA SATISFACCIÓN Y EL SERVICIO AL CLIENTE. 29

CAPÍTULO 5 35

SERVICIO DE ATENCIÓN AL CLIENTE AL POR MENOR Y RETENCIÓN DE CLIENTES. 35

CAPÍTULO 6 39

SERVICIO AL CLIENTE PARA LA SUPERVIVENCIA Y EL CRECIMIENTO DEL COMERCIO MINORISTA. 39

CAPÍTULO 7 52

CUANDO EL SERVICIO AL CLIENTE ES AUTÉNTICO. 52

CAPÍTULO 8 57

LA ATENCIÓN AL CLIENTE ES COMPARABLE A LAS CITAS. 57

CAPÍTULO 9 67

POR QUÉ SUS POLÍTICAS DEBEN SER FAVORABLES AL CLIENTE. 67

CAPÍTULO 10 73

MITOS COMUNES SOBRE LA BUENA Y LA MALA ATENCIÓN AL CLIENTE MAL SERVICIO AL CLIENTE. 73

CAPÍTULO 11 84

CÓMO OFRECER UN EXCELENTE SERVICIO AL CLIENTE EN EL SECTOR MINORISTA. 84

CAPÍTULO 12 89

FORMULAR UNA ESTRATEGIA DE SERVICIO AL CLIENTE. 89

CAPÍTULO 13 94

AUMENTO DE LA ATENCIÓN AL CLIENTE Y DE LAS VENTAS CON LOS LOCALIZADORES DE VENTA AL PÚBLICO. 94

CAPÍTULO 14 98

EL CHAT DE ATENCIÓN AL CLIENTE ES IMPORTANTE PARA LOS COMERCIANTES EN LÍNEA. 98

CAPÍTULO 15 103

AUMENTAR LA RENTABILIDAD DE SU EMPRESA MEDIANTE UN SERVICIO DE ATENCIÓN AL CLIENTE SUPERIOR. 103

CAPÍTULO 16 110

SERVICIO DE ATENCIÓN AL CLIENTE PARA EL COMERCIO MINORISTA. 110

CAPÍTULO 17 114

CONSEJOS DE ATENCIÓN AL CLIENTE PARA MINORISTAS QUE UTILIZAN SOFTWARE DE PUNTO DE VENTA. 114

CAPÍTULO 18 118

LA FORMACIÓN EN ATENCIÓN AL CLIENTE EN EL COMERCIO MINORISTA ES IMPRESCINDIBLE PARA TODAS LAS EMPRESAS MINORISTAS. 118

CAPÍTULO 19 123

RESPETAR LA REGLA DE ORO DE LA ATENCIÓN AL CLIENTE. ... 123

CAPÍTULO 20 127

CONSEJOS PARA MEJORAR LA ATENCIÓN AL CLIENTE EN EL SECTOR MINORISTA. 127

CONCLUSIÓN. 132

INTRODUCCIÓN.

Los clientes pueden tener dudas a la hora de hacer negocios con usted por varios motivos, como el miedo a lo desconocido o a ser engañados, la preocupación por la aprobación de otras personas y las dudas sobre su capacidad profesional de venta. Si conoce sus ansiedades, podrá responder adecuadamente para disipar sus temores.

La primera fuente de incertidumbre para los nuevos consumidores es el temor a hacer negocios con una entidad desconocida. Sienten curiosidad por saber el origen de la empresa, si su personal de ventas es profesional y honesto sin ser prepotente y si el artículo es de alta calidad. Tienen muchas razones para detenerse antes de entrar en la tienda.

Los clientes también son cautelosos a la hora de recibir comentarios negativos sobre sus compras. Piense en una clienta que entra en su tienda de alimentos saludables quejándose de agotamiento y falta de vitalidad. Tras su consulta, compra 100 dólares en tratamientos naturistas.

Aunque está satisfecha con sus compras, le preocupa la reacción de su marido cuando vuelva a casa con todos esos artículos. Puede encontrarse con una respuesta desfavorable del tipo "¿Por qué has comprado todo esto? Ya llevamos una dieta nutritiva rica en frutas, verduras y fibra. ¿Qué más necesita?".

Los clientes no quieren sentirse engañados con cosas que nunca usarán o con mercancía de baja calidad. Son reacios a entregar su dinero duramente ganado a un vendedor; por tanto, debes tranquilizarlos proponiéndoles cosas que se ajusten a sus necesidades y demostrando la calidad de tu mercancía. En ocasiones, también será beneficioso hablar de su garantía de satisfacción.

¿Ha preguntado alguna vez a un vendedor sobre un producto para que éste, aparentemente bien informado, lea la etiqueta? Sencillamente, ¡ésta no es una técnica de venta tranquilizadora!

Los clientes esperan hablar con alguien que conozca los productos cuando acuden a su tienda en busca de orientación. Usted desempeña un papel crucial como asesor de sus consumidores. Por tanto, debe conocer bien sus productos. Si lo hace y conoce a fondo el espectro de cosas comparables, se ganará la confianza de sus consumidores, y su negocio.

Los clientes quieren sentirse seguros e informados sobre sus compras, por lo que debe estar al día y conocer sus artículos. Concéntrese en determinar sus necesidades concretas y en ofrecerles los mejores productos posibles para satisfacerlas. Al cerrar la venta, explique su garantía de satisfacción, la política de devoluciones y cualquier tipo de asistencia personal que pueda ofrecer para garantizar que sus consumidores salgan de la tienda con confianza.

¿Le gustaría saber cómo conectar con el corazón y los pensamientos de sus consumidores y ofrecerles artículos que garanticen su satisfacción y el éxito de sus ventas?

A través de ejemplos realistas y varios ejercicios en la tienda, esta guía le enseña a poner en práctica las etapas de la venta relacional equilibrada y los aspectos importantes de un excelente servicio al cliente que garantizan el éxito continuado de las ventas de los mejores vendedores minoristas.

Feliz lectura.

CAPÍTULO 1
ATENCIÓN AL CLIENTE EN EL COMERCIO MINORISTA.

Cuando ayudo a los minoristas a mejorar su servicio de atención al cliente, empiezo por preguntarles cómo lo definen. La respuesta más popular que recibo es algo parecido a "bueno, es atender a los clientes y ayudarles a encontrar lo que buscan y ese tipo de cosas". Creo que esta es la concepción que tiene la mayoría de la gente de lo que es el servicio de atención al cliente.

Rápidamente reconocí que primero hay que definirlo para mejorar el servicio al cliente. Lo defino como "la suma de todos los actos y aspectos que permiten a los consumidores obtener lo que necesitan o desean de su tienda". Según esta definición, el servicio al cliente abarca mucho más que la noción convencional. De hecho, el servicio al cliente abarca todos los aspectos de la experiencia de compra.

Por ejemplo, los consumidores buscan la comodidad; por lo tanto, si su tienda tiene una ubicación incómoda, su servicio de atención al cliente ya está en desventaja antes de que el cliente llegue a su tienda, sencillamente porque le han causado molestias. Como resultado, no ha recibido el artículo que solicitó en su tienda.

"Un momento", se podría objetar, "es una característica de nuestra ubicación física, no del servicio al cliente". Por favor, tenga una mente abierta sobre la definición y considere lo siguiente: usted está involucrado en una guerra en toda regla por cada consumidor. Nunca ha habido más opciones y, en consecuencia, usted necesita una ventaja.

Con este concepto ampliado de servicio al cliente en la mano, puede empezar a ver su organización a través de lentes totalmente nuevas. La sección de "elementos" de la definición incluye todas las características físicas de su operación.

Existe un deseo innato de reconocimiento y contacto en una época de comunicación tecnológica e interacciones "virtuales". Cuando se considera la interacción de las personas, es decir, sus clientes y vendedores, se llega al elemento "actos" del término. Tómese un momento para revisar la definición y ver cómo encaja todo esto.

Este CAPÍTULO no tiene espacio para hablar de todos los "actos" de la atención al cliente, pero he aquí un consejo rápido: forme a sus dependientes para que memoricen el mayor número posible de nombres de sus clientes. Enséñeles a dirigirse a los consumidores por su nombre siempre que sea posible. Anímelos a desarrollar relaciones "amistosas": la gente siempre comprará a sus amigos, independientemente de las circunstancias.

Cuando empiece a definir el servicio al cliente de esta manera, nuevas ideas para mejorar la experiencia de compra de sus clientes inundarán su mente. Mejore la experiencia de compra de sus clientes ofreciendo un servicio de atención al cliente excepcional de acuerdo con esta nueva definición, y vea cómo prospera su negocio.

El servicio de atención al cliente es una idea de larga tradición en el comercio minorista. De hecho, puede ser uno de los primeros motivos de discusión en los debates sobre la creación de una tienda minorista de mayor éxito.

Sin embargo, los minoristas astutos reconocen que la definición básica ampliamente aceptada de servicio al cliente como simples dependientes competentes y educados es insuficiente para satisfacer una base de clientes cada vez más exigente.

Un estudio de investigación demostró el abismo existente entre lo que la dirección de la ferretería y sus consumidores consideran características eficaces de la atención al cliente.

Mientras que más del 90% de los propietarios de tiendas declararon que los empleados amables y bien informados eran los factores más importantes para ofrecer una experiencia de compra positiva, más del 30% de los clientes encuestados declararon que los factores más importantes incluían cosas como la amplitud de la selección, la facilidad para navegar por la tienda y la facilidad de entrada y salida. A partir de estos datos, puede ser el momento de replantearse su definición de servicio al cliente.

Puede encontrar otras definiciones de trabajo de la frase en Internet. Aun así, creo que la siguiente es la que mejor capta la amplia naturaleza de lo que indican los informes citados anteriormente: El servicio al cliente es el conjunto de acciones y elementos que permiten a los consumidores obtener los bienes o servicios que necesitan o desean de su organización minorista.

Puede que se le ocurra otra más resonante, pero lo importante es reevaluar la sabiduría convencional. Esto es crucial porque creo que no hacerlo puede poner en peligro el futuro de una tienda. Creo que diseccionar los elementos del servicio al cliente requiere la precisión de un bisturí de cirujano.

De hecho, es mejor que estén juntos que separados, ya que uno de ellos está vinculado orgánicamente a los demás. Por lo tanto, mientras recorre su tienda hoy o mañana, considere la experiencia desde la perspectiva del consumidor.

¿La presentación es atractiva y la distribución de la tienda hace hincapié en la cantidad de productos que tiene?

Considere si ha implementado la parte humana del servicio al cliente y sus señales de orientación y piezas de comunicación de forma simultánea. ¿Se centra su tienda en crear una experiencia de compra más que en vender productos?

Los fuertes sobrevivirán en este periodo ultracompetitivo en el que operan los comerciantes. En ocasiones, la fortaleza surge de una evaluación directa. Asegúrese de realizar una reevaluación de la experiencia de servicio al cliente de su tienda.

CAPÍTULO 2
LA IMPORTANCIA DE UN EXCELENTE SERVICIO AL CLIENTE EN EL COMERCIO MINORISTA.

Un excelente servicio de atención al cliente va más allá de realizar una venta a ese único consumidor en una tienda minorista. Estas son las principales razones por las que un excelente servicio de atención al cliente puede ayudarle a hacer crecer su negocio y por las que un mal servicio de atención al cliente probablemente le lleve a la quiebra.

1. Aumentar o establecer la venta.

2. Visita de retorno del cliente.

3. Publicidad por el boca a boca

4. Gestión de las mermas.

Cómo hacer la compra.

Salude siempre con profesionalidad a sus clientes. No les pase por alto al pasar. Simplemente salúdelos. Les comunica que usted es consciente de su presencia.

Es más probable que estos clientes le pidan ayuda cuando la necesiten. Sé servicial, pero no molesto. Yo siempre enfoco las cosas desde la perspectiva del cliente.

¿Qué tipo de servicio de atención al cliente busco?

Si un cliente no puede localizar un artículo y nadie le ayuda. Entonces habrá perdido la venta. Examine a su cliente; si parece que tiene dificultades para localizar algo, acérquese a él y pregúntele si necesita ayuda.

Esté informado. No hay nada más exasperante que informar a un consumidor de que no sabe dónde está algo si lo tiene. Esto indica que ha perdido la venta. Si no, después de ayudar al consumidor a localizar su compra, puede proponerle un artículo adicional, como pilas o patatas fritas.

Visitas de retorno y boca a boca.

Los clientes que regresan y la promoción de boca en boca van de la mano. Si hace un trabajo excelente, el cliente volverá. Si realiza un trabajo inadecuado, no volverá. Si disfrutan de su tienda, se lo contarán a algunos amigos y familiares.

Si han tenido una experiencia realmente horrible en su tienda y se han ido disgustados, se lo contarán a todos sus conocidos durante el resto de sus vidas cada vez que se mencione su tienda. Puede que incluso escriban cartas y publiquen en las redes sociales para informar a otros de lo horrible que fue el servicio de atención al cliente.

Es mucho más fácil perder un cliente que conseguirlo. A menudo se necesitan cinco nuevos clientes, si no más, para reparar el daño creado por un cliente insatisfecho. Cuesta mucho dinero en marketing y publicidad conseguir un solo consumidor nuevo. No cuesta nada perder cinco clientes proporcionando un servicio de atención al cliente realmente deficiente en cinco minutos.

Control de la contracción.

A estas alturas, todos están convencidos de que estoy loco. ¿Qué papel desempeña el servicio de atención al cliente en la gestión de la pérdida desconocida?

Un buen departamento de atención al cliente es la primera línea de defensa contra los hurtos de los clientes. Cuando un ladrón es consciente de que es observado, es más probable que se marche sin cometer un hurto: realice un estudio de mercado sobre sus clientes. Un ladrón experto está constantemente buscando nuevas posibilidades.

Desprecio cuando me preguntan "¿Puedo ayudarle?" cuatro veces en cinco minutos por cuatro personas diferentes.

El primer impulso que tuve fue el de darme la vuelta y salir. Hay que estar atento a los síntomas reveladores de un ladrón. Luego viene el intento de detenerlos. Es más rápido, sencillo y rentable disuadir a un posible ladrón de comprar en su tienda.

Por lo tanto, recuerde que unas prácticas excelentes de atención al cliente atraerán a los consumidores a comprar en su tienda. Los clientes recomendarán su tienda a sus amigos y familiares. Sus hijos desarrollarán una afinidad por comprar en su establecimiento y seguirán haciéndolo cuando sean adultos. Usted aumenta la probabilidad de que se pierda una venta y el volumen de la misma. Además, reducirá el número de robos en su tienda.

CAPÍTULO 3
POR QUÉ FRACASAN LOS NEGOCIOS MINORISTAS?

Hoy en día, sólo visito la tienda de informática de mi barrio para comprar tinta para la impresora. Esto se debe a que es el único negocio de mi barrio que suministra los cartuchos de tinta necesarios para mi impresora.

Cada vez que entro en esta tienda, me encuentro con el mismo nivel de servicio. Constantemente me veo obligado a hacer cola en la caja durante un largo periodo de tiempo mientras espero que los trabajadores me atiendan. Incluso cuando la tienda está vacía, debo esperar a que me atiendan mientras un grupo de personal conversa a pocos metros de una caja vacía.

La tienda de informática de mi barrio y su negocio hermano tienen problemas, y su dirección no sabe por qué. Estoy seguro de que si quebraran, el director general culparía a las condiciones comerciales desfavorables. Su tienda ocupa sistemáticamente los últimos puestos en las encuestas de satisfacción de los clientes y no se vería como algo que contribuyera a su caída.

En este entorno minorista de "larga cola", en el que los consumidores se enfrentan constantemente a un número infinito de opciones, cabría suponer que los minoristas, especialmente los de la calle principal, reconocerían la importancia de un excelente servicio al cliente y se esforzarían por incorporarlo a su estrategia comercial.

Entre el 30% y el 40% de las personas compran únicamente en función del precio. El 70% de los individuos comprará en función de la calidad y la comodidad. A pesar de la crisis del sector minorista, el segmento del lujo sigue creciendo con fuerza. Esto se debe a que la gente seguirá comprando independientemente de las circunstancias económicas. La única cuestión que queda por resolver es dónde comprarán.

Los comerciantes de lujo reconocen este hecho e invierten en la formación de sus empleados para que ofrezcan una atención superior al cliente. Me he dado cuenta de que cuando se pide información al personal de mi ASDA local, no se limitan a señalar; acompañan a los consumidores al lugar y preguntan si hay algo más que puedan hacer para ayudarles.

La gente frecuenta restaurantes con comida de baja calidad pero nunca se queja de la actitud del personal. En cambio, si la comida fuera excelente, pero el servicio fuera terrible, serían muy reacios a volver a ese restaurante.

Mientras que un excelente servicio al cliente es importante para el éxito de muchos de los comercios más exitosos, un mal servicio al cliente ha sido una de las principales razones del fracaso de muchas empresas minoristas.

Hay una razón por la que nunca he concentrado mis esfuerzos profesionales en el sector minorista como consultor de atención al cliente.

Dados los bajos salarios y la falta de inversión en personal, así como la alta tasa de rotación de los empleados, nunca ha sido un sector que me haya entusiasmado.

Sin embargo, mis experiencias de consumo actuales me convencen de que el grado de atención al cliente en el comercio minorista ha caído en picado hasta nuevos mínimos.

Hay cinco razones principales por las que el servicio al cliente minorista está amenazado y se deteriora rápidamente:

(1) El antiguo adagio "El cliente siempre tiene razón" ha sido sustituido por la suposición de que el cliente es incorrecto y malicioso. Devolver un artículo dañado a un minorista casi siempre dará lugar a una inquisición en lugar de a un empleado que se disculpa y que gustosamente ofrece un cambio o un reembolso.

(2) El "empoderamiento" de los empleados se ha ido de las manos. Permitir que personas inteligentes, bien formadas y reflexivas ejerzan su

discreción es una cosa. Sin embargo, cuando se da autoridad a los imbéciles, a menudo toman decisiones imbéciles.

El resultado es un nivel de servicio degradado. Al referirnos al personal como "asociados" y "miembros del equipo" y conferirles otros títulos exagerados, hemos transmitido un mensaje erróneo, animando a la gente a inventarse las normas sobre la marcha y a funcionar de forma idiosincrásica.

(3) A pesar de las garantías de que nuestras transacciones serán supervisadas para garantizar la calidad del servicio, está demasiado claro que el servicio al cliente se está convirtiendo en un barco fantasma sin capitán ni tripulación. Pocos escuchan, y los que lo hacen son incapaces de identificar y rechazar las prácticas de servicio problemáticas.

De hecho, entre las razones por las que siempre oímos el omnipresente aviso de que las conversaciones están siendo monitorizadas está el intento de la América corporativa de disuadir a los clientes de volverse locos. El miedo a las escuchas impide que se exprese una indignación legítima.

(4) Hubo un tiempo en que el ethos se parecía al modelo dramático desarrollado por el sociólogo Erving Goffman. En los negocios, poníamos nuestras caras de frente al escenario con muchas sonrisas y cumplíamos con nuestro deber; se nos instruía para que nos guardáramos nuestras preocupaciones y problemas entre bastidores mientras estuviéramos fuera del trabajo. Ya no es así.

Hoy en día, los empleados pueden hacer público su yo privado y cumplir sus funciones de forma selectiva, según lo deseen. Esto convierte las compras en un juego de azar. Cuando entras por la puerta de un negocio, nunca sabes qué o quién te va a tocar.

(5) Al contratar personal insuficiente que apenas puede comunicarse más allá de gruñidos y gemidos, las empresas han ampliado su estrategia de subcontratación a la contratación en la tienda. Adquieren los productos más desvencijados, los

rebajan a menudo y contratan al personal más barato para dotar sus tiendas. Invierte tus beneficios en el alquiler de los centros comerciales, la publicidad, el bombo de las relaciones públicas y los extravagantes salarios y beneficios de los funcionarios.

CAPÍTULO 4
EL VÍNCULO ENTRE LA SATISFACCIÓN Y EL SERVICIO AL CLIENTE.

La competencia se ha intensificado en la época moderna, ya que los clientes siguen exigiendo a los minoristas que cumplan y superen sus expectativas. Debido a la homogeneidad de los productos de las organizaciones minoristas, éstas se centran cada vez más en ofrecer un servicio eficaz al cliente para establecer una ventaja competitiva. La felicidad y la confianza de los clientes son importantes para que estas empresas se aseguren de repetir las compras.

Dado que estos negocios operan en un mercado altamente competitivo en el que los clientes tienen muchas opciones para los minoristas, éstos se dedican a estudiar las características que contribuyen a la fidelidad y retención de los clientes.

El negocio minorista es un tipo de comercio en el que una empresa u organización comercial vende productos directamente a los consumidores. Debido a su relación directa con los clientes, estos negocios participan directamente en el suministro de bienes y servicios al cliente.

La felicidad y la confianza de los clientes en los negocios minoristas vienen determinadas sobre todo por la calidad de los servicios prestados, ya que ofrecen productos homogéneos que no pueden diferenciarse entre tiendas.

Los supermercados, las tiendas de comestibles, las librerías, las tiendas de conveniencia y las tiendas de medicamentos son todos negocios minoristas. Los ejemplos son los siguientes:

Books-A-Million.

Books-A-Million, abreviado BAM!, es una cadena de librerías (Libros, juguetes y más). Es la segunda cadena de librerías más grande de Estados Unidos, con casi 200 locales. Además de la mercancía que venden, como libros, juguetes y artículos de papelería, se distinguen por sus servicios. La librería ha creado un centro de ayuda en línea para ayudar a los clientes.

Los clientes pueden comprobar el estado de su pedido o el saldo de su tarjeta regalo visitando el sitio web de asistencia de Books-A-customer Million. Responden con rapidez a las quejas y peticiones de sus clientes.

Para ofrecer servicios únicos y excepcionales asociados a los productos estrella de la tienda, Books-A-Million se esfuerza por obtener una ventaja competitiva sobre otras librerías.

El objetivo principal de la librería es conseguir la supremacía en la prestación de servicios rápidos y de alta calidad a los clientes para generar intenciones de recompra. El comportamiento de recompra de los clientes demuestra su nivel de satisfacción con los servicios de la empresa; la satisfacción o la confianza acaban traduciéndose en la fidelidad y la satisfacción del cliente.

Wal-Mart.

Wal-Mart es un minorista de la lista Fortune 500 que posee y opera una cadena de tiendas de descuento y almacenes. Se encuentra entre las mayores cadenas de tiendas minoristas de Estados Unidos, con 4.177 establecimientos.

El director general de Wal-Mart afirmó que los consumidores recurrentes y fieles son importantes para la rentabilidad de la empresa. Además, señaló que nuestros consumidores son más fieles a nuestra tienda porque nuestros trabajadores les atienden con más profesionalidad que en otros establecimientos.

Wal-Mart lleva mucho tiempo apostando por educar y crear trabajadores amables que reconozcan que el cliente es el rey y respondan en consecuencia. Al adoptar prácticas centradas en el cliente, Walmart ha tenido más éxito que sus competidores centrados en la maximización de beneficios.

La estrategia de Wal-service Mart se basa en el reconocimiento del personal, lo que se traduce en el placer del consumidor. Se argumenta que Wal-Mart está en el negocio de proporcionar servicios a sus clientes, mientras que sus competidores están en el negocio de servir a su director general.

Los principios de Wal-key Mart son los siguientes: el cliente siempre tiene razón, ofrecer valor al cliente, deleitar al cliente, recompensar a los empleados y cuidar las zonas en las que opera.

Barnes & Noble Inc.

Además, Barnes & Noble es un minorista. Es la mayor librería de Estados Unidos y el mayor vendedor de medios digitales y artículos académicos. Posee y gestiona 658 establecimientos minoristas independientes y 714 librerías de colegios y universidades.

La satisfacción del cliente y la calidad del servicio son los principales objetivos de la empresa. Además, ofrece a los clientes información en línea sobre el estado de sus pedidos, registra los pedidos en línea y las quejas de los clientes, y responde con la mayor rapidez posible. El objetivo principal de estos servicios incluidos es garantizar la felicidad del cliente, lo que se traduce en su fidelidad y dedicación a la organización.

CAPÍTULO 5
SERVICIO DE ATENCIÓN AL CLIENTE AL POR MENOR Y RETENCIÓN DE CLIENTES.

En un mercado tan competitivo como el actual, las empresas tienen cada vez más dificultades para conservar a sus clientes, sobre todo las empresas minoristas que comercian con productos homogéneos. Una calidad de servicio superior es la única manera de ganarse la satisfacción y la confianza de los consumidores en un entorno tan competitivo. Si un cliente está satisfecho con los servicios de una empresa, es probable que vuelva a comprar cosas de esa empresa.

El comportamiento de compra recurrente del cliente demuestra su devoción y compromiso con la empresa, y no tendrá intención de cambiarse a otra.

Según las investigaciones, la calidad del servicio es importante para la retención de los clientes.

Contribución a la cartera.

Es una frase de marketing que se refiere a la cantidad de dinero que los clientes gastan en un producto o servicio específico dado por un negocio. La cuota de cartera de un negocio minorista por cada producto que vende puede calcularse siguiendo el volumen de cada producto vendido.

Se trata de un procedimiento que las organizaciones o empresas emplean para determinar los ingresos obtenidos por un consumidor específico. La contribución de cada cliente a los ingresos globales de la empresa refleja el comportamiento de compra del cliente y la frecuencia de compra de productos específicos. Un consumidor satisfecho contribuye más a los ingresos globales de la empresa.

Referencias.

Una recomendación es también una frase de marketing; se refiere a la difusión de información sobre un producto, servicio o empresa en particular mediante el boca a boca. Un consumidor satisfecho difunde de boca en boca información favorable sobre la empresa y recomienda sus productos y servicios a sus amigos y hermanos. Por el contrario, un cliente insatisfecho difunde información negativa sobre la empresa, lo que provoca la pérdida de clientes existentes y de nuevos clientes potenciales.

Rendimiento del mercado de valores.

Los resultados bursátiles miden el rendimiento individual y colectivo de las empresas que cotizan en bolsa. Los clientes satisfechos aumentan los ingresos y beneficios de la empresa directa o indirectamente, lo que afecta positivamente al valor de las acciones de la empresa y, en última instancia, se traduce en un rendimiento superior de la empresa en la bolsa, medido por la frecuencia de negociación de las acciones de la empresa.

Como se ha demostrado anteriormente, las organizaciones minoristas se esfuerzan por conseguir una ventaja competitiva en el mercado actual intentando separarse de sus competidores.

Esto sólo es posible mediante la oferta de un excelente servicio al cliente. Como han demostrado los estudios de investigación, existe una relación significativa y positiva entre los parámetros de calidad del servicio y la satisfacción del cliente.

Además, se ha demostrado que un cliente satisfecho beneficia a la empresa, ya que muestra un comportamiento de compra recurrente, contribuye a los ingresos de la empresa y promueve el boca a boca positivo sobre la empresa.

La satisfacción del cliente y la calidad del servicio se han convertido en las métricas más utilizadas en el mundo actual para medir y gestionar la fidelidad y la retención de los clientes.

CAPÍTULO 6
SERVICIO AL CLIENTE PARA LA SUPERVIVENCIA Y EL CRECIMIENTO DEL COMERCIO MINORISTA.

Si usted es propietario de una pequeña empresa, está compitiendo por los clientes contra la severa competencia, ¡entonces concéntrese en el servicio al cliente por el amor de Dios! Esta es un área de su oferta en la que puede hacerlo bien sin gastar mucho (o nada) de dinero. Trata con seres humanos deseosos de entregar su dinero duramente ganado a cambio de sus productos, así que trátelos con decencia.

Falta de respeto.

"Por supuesto, valoro a mis consumidores", responderán muchos minoristas. No, no lo hacen, o al menos una parte considerable de ellos no lo hace. Soy muy consciente, al igual que muchos otros, de que los clientes en las tiendas suelen ser vistos como una molestia. Obstruyen. Plantean preguntas desconcertantes. De vez en cuando compran algo y se quejan.

Peor aún, otros no compran nada y siguen quejándose. Algunos clientes tratan su negocio como un lugar de encuentro, mientras que otros sólo compran un periódico cada semana.

"Mira, yo me quejo de los clientes", puede argumentar alguno de vosotros, "pero nunca en la tienda y siempre a puerta cerrada". ¡Error! No hay que ser descortés con los clientes, aunque estén fuera del alcance del oído. En pocas palabras, nunca trates a los clientes de forma irrespetuosa en ningún momento ni lugar.

No se trata de un servicio de labios, sino de un servicio al cliente.

Utilizaré dos grandes empresas como ejemplos de cómo han decidido inculcar una cultura de atención al cliente en sus empresas. Para empezar, consideremos a Dell. Ha tenido una reputación negativa con algunos clientes, justificada o no.

Hay muchas razones para ello, y muchas de ellas eran estructurales más que un resultado de cómo se trataba a los clientes. El resultado era el mismo, pero muchos consumidores creían que no se les trataba con el respeto que merecían. Dell ha rediseñado recientemente su servicio de atención al cliente.

Además de mejorar las estructuras y los sistemas, han dado un gran paso adelante al dar prioridad a las necesidades del cliente. Sin duda, Dell no es un pequeño minorista. De hecho, la venta al por menor está entre sus funciones; también suministran a muchos otros minoristas.

Todos los esfuerzos de la corporación, desde la sala de juntas hasta cada empleado y afiliado, se han dirigido a los clientes, y está funcionando. Sin embargo, el hecho es que han reconocido que el servicio al cliente es un estado mental. Hay que dirigirse a los clientes con respeto, aunque no estén presentes.

Estoy seguro de que habrá personas que tengan historias contrarias que contar, y estoy seguro de que tienen un largo camino por delante. Creo que Dell va por el buen camino y que seguirá desarrollándose de forma significativa como resultado.

Otra empresa es la británica Tesco, que tiene establecimientos en toda Europa y Extremo Oriente.

Una vez más, aunque no pretendan ser perfectos, tienen una cultura de servicio al cliente muy arraigada. El servicio al cliente, en este sentido, no consiste en fingir o actuar. Se trata de mostrar una auténtica consideración por las personas que te pagan el sueldo: tus consumidores. Se trata de ofrecer un auténtico servicio de atención al cliente y no de boquilla.

Mantener el contacto visual.

Cuando los clientes le compran un producto, celebran efectivamente un contrato con usted para que les suministre cosas. Cuando la mayoría de las personas terminan una transacción, se dan la mano.

Aunque esto puede parecer excesivo en un negocio (aunque ocurre en algunas culturas), los clientes merecen toda la atención del cajero una vez que han terminado su compra como forma de agradecimiento y respeto (soy consciente de que en algunas culturas el contacto visual no sería apropiado, especialmente entre hombres y mujeres).

Reclamaciones.

Las reclamaciones no sólo son necesarias, sino que son extremadamente beneficiosas. El consumidor se ha tomado la molestia de hacerle llegar su opinión.

Le está dando la oportunidad de enmendar sus errores.

Recuerde que cuando un consumidor se queja, no es un asesino de hachas. De hecho, preferirían permanecer en silencio. Ellos, al igual que usted, intentan pasar el día con las menores molestias posibles.

Su preocupación debe tomarse en serio y tratarse adecuadamente. Aunque no pueda ayudar al consumidor, muéstrele siempre su respeto. Si se quejan de que el precio de la harina es demasiado alto y usted no puede cambiarlo, recuerde que aunque no pueda, el problema sigue existiendo, al menos a los ojos del cliente: la harina sigue siendo demasiado cara.

Evite encogerse de hombros y dejarle tirado; esto sólo provocará frustración y hará que el cliente se sienta impotente y humillado, sobre todo si la situación es pública.

Recuerde que las personas son criaturas orgullosas que desprecian que las desestimen o las humillen. Al afirmar: "Agradezco sus comentarios; los transmitiré" o "Sacaré a relucir su punto de vista durante nuestra próxima reunión de equipo", no está respaldando ni oponiéndose a los comentarios del cliente.

Lo que está ofreciendo es algo a lo que el comprador puede aferrarse. El consumidor puede al menos sentir que su queja ha dado lugar a algo, aunque sea insignificante, y que tiene algún valor

Ahora viene la parte importante: Estoy seguro de que has asumido que la queja de la harina terminaba ahí, ¿no es así? Por supuesto que no. Como ya he dicho, se trata de un estado mental. Usted declaró que reenviaría el comentario, así que hágalo. Sus empleados deberían estar motivados para actuar en beneficio de sus consumidores.

Si un cliente considera que la harina tenía un precio excesivo, asegúrese de que existe un mecanismo para que los comentarios de ese cliente lleguen a usted, el propietario de la tienda. Llévelo con usted. ¿Puede reducir el precio? ¿No? Si es así, debería, como mínimo, consultar a su mayorista sobre una reducción del precio.

Proceda en la medida de lo posible. El consumidor que se ha quejado puede simplemente preguntar: "¿Han transmitido mi comentario?". ¿No sería maravilloso proporcionar a ese consumidor una respuesta, aunque la noticia no sea la que esperaba? Sí, soy consciente de que ciertos clientes son terminantemente incómodos.

Son pocos, y a la mayoría se les puede seguir la corriente. No me refiero al 1%, sino al 99,9% de los clientes decentes que no buscan un conflicto, sino que simplemente quieren un buen valor.

Desarrollo del personal.

Recuerde que el respeto al consumidor es importante. El contacto visual (en la mayoría de las culturas) es algo positivo, más aún cuando el consumidor se encuentra al final de su compra.

También es importante escuchar a los clientes y actuar según sus comentarios.

Esto debe inculcarse al personal. Si un miembro del personal entrega productos a los clientes, también necesita la misma formación. Incluso si un miembro del personal tiene poco contacto con los consumidores (por ejemplo, un almacenista), debe recibir la misma formación si un cliente le para y le hace una pregunta.

Esta cultura de atención, escucha y, sobre todo, respeto no funcionará con los consumidores a menos que el personal la modele; de lo contrario, los clientes percibirán un ambiente desagradable en su tienda, lo que les disuadirá de volver. Un primer paso importante en la atención al cliente es que los empleados se traten con respeto y que los empleados y la dirección se traten con respeto.

Si no tiene personal, recuerde formarse usted mismo. Adopte un enfoque positivo y respetuoso hacia sus consumidores. Recuerde la comparación con la harina de antes. Si usted es el propietario, puede explicar al consumidor por qué se le cobra más de lo que le gusta.

Sí, entiendo que el tiempo es valioso, y que un buen servicio al cliente no se produce porque se forme una cola mientras usted conversa con un cliente sobre la harina. Aproveche el momento. Comprendo que piezas como ésta son de poca ayuda cuando se está en contra.

Tengo en cuenta el panorama general y soy consciente de que habrá excepciones en los periodos de mayor actividad. Por favor, recuerde que si se trata a los demás y a los clientes con respeto, el lugar de trabajo se convertirá en un sitio más agradable, lo que se traducirá en un aumento de la moral de los empleados. De hecho, un círculo virtuoso.

Recuerde también la presentación del personal. Su personal debe estar limpio y bien vestido - mucho más en una tienda que vende alimentos o medicamentos.

Higiene.

Mantenga siempre limpias las estanterías, las instalaciones, las paredes y el suelo. También es importante el aspecto del personal y su limpieza personal. Aunque la necesidad de una limpieza adecuada en una tienda de alimentación es evidente, también es importante en los establecimientos no alimentarios.

La limpieza es un área en la que puede superar a sus competidores más grandes. Aunque pueda resultar costoso, esfuércese por tener una buena iluminación en toda la tienda. Tal vez la única excepción sea cuando se venden artículos de moda, y la iluminación debe ser "cambiante".

Independientemente de lo ordenada que esté su tienda, asegúrese de que la suya esté más limpia. Los clientes no opinarán sobre este tema. Si los clientes creen que su tienda es insalubre o que usted o su personal son antihigiénicos, simplemente se irán sin darle ninguna explicación.

Este aspecto influye en un enorme porcentaje de clientes más que cualquier otro, por lo que la higiene es una gran preocupación. Me sorprende el gran número de pequeños comerciantes que, mientras se lamentan de la pérdida de consumidores en favor de las grandes superficies, están dispuestos a dejar su establecimiento en un estado sucio.

Comunicación verbal.

Personalmente, hay algunas tiendas que evito debido a la actitud del personal. Cuando lo considero, el hecho es que visité el negocio en cuestión sólo una vez, y hace pocos años. La cuestión es que mi impresión inicial se convirtió en mi última impresión. Lo más probable es que muchos de los empleados que encontré se hayan marchado y que una nueva dirección se haya hecho cargo.

Sea correcto o incorrecto, sigo teniendo una imagen negativa de esta tienda en particular en mi cabeza y me he acostumbrado a evitarla. Y lo que es peor, tras mi única experiencia negativa, informé a mi mujer, que puede haber informado a sus conocidos.

Como probablemente sepas, la reputación tarda años en desarrollarse y segundos en destruirse. ¿Por qué? Porque cuando las personas están satisfechas con su experiencia, tienden a guardársela para sí mismas. Si están molestos, se desahogan.

Una reputación negativa desarrollada debido a un mal servicio al cliente puede acabar destruyendo su organización. Mientras usted se centra en los márgenes, los gastos generales y todo lo demás, sus clientes pueden estar alejándose silenciosamente porque no era consciente de lo desagradables que podían ser uno o dos de sus empleados.

El servicio de atención al cliente ha sufrido un declive en los últimos años en algunas empresas. Haga una excepción para usted. Un excelente servicio de atención al cliente es una satisfacción personal y, en última instancia, contribuirá a la supervivencia e incluso al crecimiento de su organización.

CAPÍTULO 7
CUANDO EL SERVICIO AL CLIENTE ES AUTÉNTICO.

El servicio de atención al cliente es un término que se utiliza tan a menudo que ha perdido su significado. Cualquier anuncio de empleo para personal de ventas lo necesita, los compradores hablan constantemente de él y los directores y supervisores insisten en que sus empleados ofrezcan un servicio de atención al cliente excepcional de forma constante.

Un excelente servicio al cliente es más que una sonrisa amable, aunque es un componente esencial. Es algo más que entablar una conversación agradable, aunque las personas que trabajan en el comercio minorista o en el sector de los servicios necesitan tener la capacidad de entablar una charla agradable.

Es importante entender que no se trata del vendedor. Nunca se trata de.

Todo gira en torno al cliente. ¿Es esto sorprendente?

Es decir, si nos reposicionamos para ver el mundo a través de los ojos del cliente, habremos dado un paso importante para ofrecer lo que es el verdadero servicio al cliente. El servicio al cliente nunca tiene que ver con el vendedor, ni con cerrar la venta, ni con sonreír amablemente.

Implica proporcionar al cliente lo que necesita (incluso si no es consciente de lo que desea o necesita). También implica mostrarles que te preocupas por ellos prestándoles atención.

El servicio de atención al cliente, en su esencia, establece una conexión entre dos individuos que puede durar sólo unos momentos o posiblemente mucho más si se convierten en habituales. Se trata de garantizar su felicidad.

Eso no es posible desde un punto de vista egoísta. Siempre será infructuoso. Por lo tanto, si quiere ofrecer un servicio de atención al cliente excepcional, ponga su ego en un estante del armario donde no pueda verse y comprométase con su cliente lo más profundamente posible en sus términos. Personalícelo. Hágalo todo sobre ellos y notará un cambio significativo.

Naturalmente, existen procedimientos y prácticas para ofrecer un excelente servicio al cliente, y son importantes. Sin embargo, deben estar contextualizados dentro del tipo de contacto y conexión de la que se habla aquí.

Podrá ver lo que están viendo desde ese punto de vista. Entenderá mejor lo que buscan y cómo acercarse a ellos. Sí, querrá cerrar la venta, pero las técnicas de venta llamativas no lo conseguirán.

Hoy en día, la venta consiste en desarrollar una relación personal. Si eso es todo lo que tienen que dar, todos somos demasiado cínicos, hastiados y conocedores del mundo como para dejarnos convencer por un vendedor hábil y su presentación de ventas.

Piense en la última experiencia positiva que tuvo en un establecimiento comercial.

¿Recuerda qué contribuyó a que creyera que fue una experiencia positiva?

¿Fue el argumento de venta hábilmente pronunciado, o fue el interés genuino demostrado por alguien que interactuó con usted o incluso le dejó solo hasta que se presentó el momento ideal, que reconoció mientras le vigilaba?

Como experto en atención al cliente, independientemente del sector en el que trabaje, irá más allá de las expectativas para ofrecer a las personas lo que buscan con honestidad, integridad y autenticidad. El servicio de atención al cliente reaccionará.

Si falta alguno de esos componentes, el cliente del siglo XXI lo notará inmediatamente.

Por eso los comercios tradicionales sobrevivirán a Internet. Muchos individuos anhelan un toque personal y un contacto personal. Si usted aporta tanto de sí mismo a la transacción como a los bienes o servicios, estará proporcionando una experiencia superior al cliente, que es todo lo que piden. Todo gira en torno a las personas. Se le compensará.

Con la experiencia en la industria, los secretos de información privilegiada y los videos que demuestran cómo empezar, nada le impide convertirse en su jefe y establecer un activo para usted. Incluso hay orientación sobre cómo vender su empresa si decide retirarse.

CAPÍTULO 8
LA ATENCIÓN AL CLIENTE ES COMPARABLE A LAS CITAS.

El elemento más importante de su fórmula de éxito es el consumidor; no habría negocio minorista sin él. Los consumidores son más inteligentes y conscientes que nunca. Son más exigentes y tienen más opciones que en la historia.

Si comparamos el comercio minorista de hoy con el de hace tres años, estaríamos ante un sector diferente. Antes, los clientes aceptaban como norma un servicio de atención al cliente deficiente. El cliente de hoy se niega a tolerarlo, es ruidoso y puede influir en los demás, tanto en línea como fuera de ella.

No basta con entender a los consumidores; también hay que comprender sus deseos, lo que les atrae, su ubicación y cómo atenderlos. Además, debe reconocer que no todos los que entran en su tienda son clientes y que no puede ser todo para todos. Por lo tanto, elija y defina a su cliente con cuidado.

El perfil del cliente ideal le garantizará la compra del producto correcto, la contratación del personal adecuado y la comunicación eficaz, maximizando la rentabilidad de su negocio.

Cada negocio no ofrece realmente las cosas que hay en el estante, sino que vende el servicio al cliente, lo que diferencia a una tienda de las demás. El servicio de atención al cliente se ha considerado tradicionalmente como un servicio de resolución de problemas; los clientes llegan a tu tienda con una necesidad de la que pueden no ser conscientes. Tu trabajo consiste en resolver el problema o localizar algo que satisfaga la necesidad.

Tras definir a su consumidor y sus demandas, puede empezar a desarrollar una relación con él. Al atender sus demandas, se ganará su confianza y comodidad; se sentirán bien comprando en su tienda, le reconocerán como la autoridad y confiarán en que están recibiendo un buen valor cuando lo hagan.

Definir lo que constituye un excelente servicio al cliente es más difícil de lo que parece. No es tan sencillo como decir simplemente "por favor" y "gracias" y sonreírles al entrar en el negocio (aunque esto también es importante).

El servicio de atención al cliente consiste en proporcionar a los clientes lo que quieren cuando lo quieren. El servicio al cliente comprende todos los elementos y facetas de su organización que expresan cómo su tienda y sus productos se ajustan a las necesidades y deseos del cliente.

Aunque es admirable desarrollar relaciones, también hay que tener los bienes que las respalden.

Un servicio de atención al cliente excepcional implica ir más allá de lo que el cliente espera o encuentra en la competencia. Debe ser coherente y fiable.

La excelencia en el servicio al cliente se produce antes, durante y después de la venta.

En el entorno minorista actual, la ventaja competitiva de cada empresa será su servicio al cliente. Ya no basta con ofrecer un servicio de atención al cliente adecuado, sino que hay que esforzarse por ofrecer un servicio de atención al cliente excepcional para diferenciarse. A pesar del importante papel que desempeña en el éxito del negocio, muchos comerciantes siguen equivocándose y tienen estándares bajos.

Considere el servicio de atención al cliente excepcional de la misma manera que consideraría las citas.

La atracción, el conocimiento mutuo/la creación de confianza, la familiaridad y la comodidad y, por último, la necesidad de estar cerca el uno del otro constantemente.

Excite y atraiga a sus clientes actuales, nuevos y potenciales para garantizar que la relación se construya y siga floreciendo.

Históricamente, la gente buscaba un cónyuge con el que formar una familia siguiendo las normas sociales, y ni los minoristas ni los consumidores daban mucha importancia a la atención al cliente.

Las expectativas han cambiado drásticamente; la gente busca una pareja que pueda satisfacer muchas demandas, y los clientes quieren un servicio de atención al cliente excepcional. Tanto los clientes como las parejas buscan ahora "el paquete completo".

Considere los siguientes componentes importantes de un servicio al cliente excepcional en comparación con las citas:

* Si quieres captar la atención de un cliente de inmediato, debes invertir en tu apariencia y no sólo para el encuentro o la cita inicial; debes lucir siempre lo mejor posible.

* Debes ser SIEMPRE veraz, amable y respetuoso.

* Asegúrate de que tienes suficientes puntos en común; de lo contrario, tus objetivos no se alcanzarán y perderás el tiempo de la otra parte.

* Evite hacer promesas que no pueda cumplir y mantenga sus promesas!

* Sea realista; evite intentar transformar a las personas en algo que no son.

* Adapte su enfoque y "lenguaje" al tema; debe ser adaptable.

* Pregunte y ESCUCHE las respuestas

* Reúne toda la información posible sobre ellos e inclúyela en tu comunicación para que tu interacción con ellos sea significativa.

* Una vez que haya determinado sus necesidades actuales, considere sus necesidades futuras.

* Utilizar el humor y la imaginación para establecer y mantener la relación.

* Cuando pasen tiempo juntos, mantén tu mirada en ellos y no en lo que está sucediendo.

* Mantener una comunicación y un contacto constantes con los demás; evitar perder el contacto.

* Reconocer la crítica constructiva como un método para fortalecer la relación y posiblemente cambiar algunos de sus hábitos negativos!

* Expresarles su gratitud siempre que se presente la oportunidad: demostrar lo mucho que se les aprecia.

* Reconocer que a veces hay que perder una batalla para ganar la guerra.

Habrá momentos en los que deberás disculparte con un cliente valioso, aunque tengas razón, para mantener una conexión a largo plazo.

* Anímales a que informen a sus amigos sobre ti!

* Asómbrales con tu consideración

* Como todos sabemos, si alguno de estos componentes no es auténtico y se mantiene, la relación fracasará, haciéndote repetir el proceso hasta que lo consigas!!

Cuando logre este nivel de Servicio al Cliente Excepcional, sus clientes comprarán libremente. Cuando proponga un producto adicional, los clientes lo verán como una idea útil, no como un vendedor insistente que busca hacer una venta. Esta es la posición en la que quiere estar para conseguir ventas lucrativas.

Anteriormente trabajé en una empresa como director del departamento de Manchester. Teníamos clientes frecuentes, y mi personal y yo nos encargábamos de recordar lo que compraban o disfrutaban. Si llegaban nuevas existencias que pensábamos que les gustarían o si un modelo que habían comprado se ponía a la venta, les llamábamos por teléfono (¡entonces no había correo electrónico ni mensajes de texto!) antes de que se pusiera en la tienda o de que empezara la venta.

Les hacíamos sentir especiales/importantes y les dábamos valor. Más del 50% de estas conversaciones se tradujeron en una venta, y más del 50% de las ventas dieron lugar a la adición de productos adicionales a la compra.

Usted quiere que los clientes desarrollen el gusto por su servicio de atención al cliente superior y vuelvan a por más. Cada vez que los clientes vuelven, refuerzan su decisión de visitar su tienda y se van sintiéndose mejor que la vez anterior. Estos ingresos recurrentes son más rentables que la venta inicial.

Es costoso adquirir nuevos clientes. El gasto de adquirir un nuevo cliente es más del doble que el de retener a un cliente existente. Para asegurar un negocio rentable, hay que tener una alta base de clientes recurrentes.

Sólo el 60% de los clientes satisfechos vuelven a hacer negocios con usted. Por lo tanto, debe esforzarse realmente por complacer al 100% a los clientes para garantizar el éxito del negocio recurrente.

Un servicio de atención al cliente excepcional es un área que debe mantenerse y reinventarse constantemente para evitar que los clientes se vayan a otra parte. Es importante mantener esto en curso y evolucionar para mantener el interés. Recuerde que existe una línea delicada; evite familiarizarse demasiado con su cliente.

Cree una estrategia para atraer a los clientes nuevos y a los que regresan. Debe emplear estrategias distintas para atraer y mantener a cada tipo. Si su estrategia y sus sistemas se han diseñado adecuadamente, esto ocurrirá de forma natural y sin esfuerzo. Colaboramos con los clientes para hacer un análisis del negocio y diseñar un sistema y un programa para conseguir los mejores resultados.

CAPÍTULO 9
POR QUÉ SUS POLÍTICAS DEBEN SER FAVORABLES AL CLIENTE.

Ofrecer un excelente servicio al cliente es importante para el éxito de cualquier pequeña empresa. Por ello, a menudo me pregunto por qué muchas empresas adoptan normas poco favorables al cliente.

Aquí está mi evaluación de la situación y lo que puede hacer para salvaguardar su empresa.

¿Recuerdas el sistema de calificación en forma de campana de tu época escolar?

Sólo uno o dos estudiantes recibían las calificaciones más altas, y sólo uno o dos estudiantes recibían las calificaciones más bajas; el resto se agrupaba en un gran grupo en algún punto intermedio. Lo mismo ocurre con sus clientes. Hay unos pocos clientes problemáticos, unos pocos clientes excepcionales, y la gran mayoría de los consumidores en el centro.

El problema surge cuando empiezas a crear políticas basadas en las acciones de un puñado de tus peores clientes, como los cheques sin fondos, el doble de ofertas de certificados de regalo, el intento de defraudar en una devolución o las quejas sobre tu política de cambios.

A nadie le gusta que se aprovechen de él.

Irrita las bases fundamentales de nuestro espíritu empresarial. Cuando unas pocas manzanas podridas nos toman el pelo o se quejan de nuestros mejores esfuerzos, nuestra reacción natural es idear medidas para evitar que alguien lo haga en el futuro. Nos entregamos al máximo a nuestras empresas y clientes, y esperamos que nuestros clientes lo noten y nos lo agradezcan.

Si, por el contrario, basas las normas de tu empresa en lo que podría hacer el 2% de tus clientes más duros, seguro que creas políticas que molestan y fastidian al otro 98% de tus buenos e increíblemente buenos clientes. Eso es un mal servicio al cliente y un mal negocio.

Por lo tanto, sea precavido.

Recuerde, no deje que un par de problemas determinen su política.

Si recibe unos pocos cheques sin fondos, no deje de aceptar cheques locales; si unos pocos clientes devuelven mercancía comprada hace más de un año, no imponga una política de devolución estricta; y si alguien se aprovecha de múltiples ofertas, no empiece a llenar cada certificado de regalo con párrafos de letra pequeña.

Acepte esos encuentros negativos como un coste de hacer negocios y siga el consejo del otro 98%

de sus clientes: será más feliz y tendrá más éxito a largo plazo.

A menudo recibimos un servicio deficiente que carece de emoción o del deseo de ofrecer una experiencia memorable que nos fidelice o nos haga volver. ¿Por qué algunas empresas no reconocen que un servicio de atención al cliente mediocre ya no es suficiente, y cómo pueden reclutar el talento necesario para sus funciones?

No es ningún secreto que se nos queda grabado cuando recibimos un servicio excepcional. Hace poco me encontré con un servicio de atención al cliente excelente. Finalmente, al ir más allá de las expectativas y demostrar un conocimiento superior del producto/mercancía, paciencia y un genuino deseo de ayudar, no sólo me fui sintiéndome única, sino que recibí un servicio que me haría volver.

Mi experiencia no fue tan común como debería ser - desgraciadamente, las experiencias maravillosas de servicio al cliente ocurren con frecuencia, mientras que deberían ocurrir cada vez que entramos en una tienda o negocio.

En el cambiante clima actual y con todas las opciones disponibles para el consumidor -incluida la compra por Internet desde la comodidad de su casa- es importante atraer a personal excelente que siga mejorando el nivel de servicio y liderazgo dentro de una organización. Una vez atraído el talento, se debe apoyar y aplicar un énfasis continuo en el aprendizaje, el conocimiento del producto y la experiencia del cliente.

Los minoristas han tenido históricamente dificultades para contratar y retener a personal de campo cualificado - experiencia del cliente/ventas/gerentes de tienda/operaciones, etc. - debido a que la escala salarial del sector es generalmente baja y a que los talentos contratados no aportan la pasión y dedicación necesarias a sus funciones.

Algunos minoristas con visión de futuro han reconocido la importancia de compensar a sus empleados de acuerdo con el talento deseado y el mercado, lo que les permite atraer a esos candidatos/empleados de alto calibre.

Encontrar una empresa de búsqueda que trabaje con estos minoristas puede ser difícil, ya que muchas afirman ser especialistas en el sector minorista pero carecen del necesario conocimiento en profundidad del sector, del cliente y del "ajuste".

El beneficio de asociarse con una empresa de búsqueda que "lo entienda" puede ayudarle a destacar con estos minoristas - a través de una verdadera asociación de contratación al por menor en la que su reclutador y la agencia entienden el tipo de consumidor al que sirve su cliente y la cultura y el ajuste que son importantes para la organización de su cliente.

CAPÍTULO 10
MITOS COMUNES SOBRE LA BUENA Y LA MALA ATENCIÓN AL CLIENTE MAL SERVICIO AL CLIENTE.

En un día normal, una persona media interactúa con un agente de atención al cliente entre una y cinco veces. Algunas interacciones de atención al cliente se consideran "excelentes", mientras que otras se califican burlonamente de "malas". Cuando una persona recibe lo que considera un servicio de atención al cliente excelente, suele seguir su día como si no ocurriera nada raro.

Si esta misma persona tiene una experiencia de servicio al cliente negativa, no dudará en informar a cualquiera que quiera escuchar. Normalmente, no tengo en cuenta a estos últimos por una razón importante: ¿alguien entiende realmente lo que constituye un servicio de atención al cliente eficaz?

Con más de una década de experiencia como representante de servicio al cliente y gerente en varias empresas, me he encontrado con mi cuota de clientes insatisfechos. Para ser sincero, muy pocos de ellos tenían una razón legítima para estar disgustados. Me llamaron, preparados para luchar.

La experiencia previa puede reducir las expectativas.

En otros casos, las experiencias previas con un servicio de atención al cliente extremadamente terrible pueden dejar a una persona con una impresión negativa de los empleados del servicio de atención al cliente, lo que les lleva a pasar a la ofensiva desde el momento en que cogen el teléfono.

Lo ilustraré con un ejemplo: hace unos años, me apunté a un gimnasio y me inscribí en sesiones de entrenamiento personal. Al cabo de un tiempo, me di cuenta de que las sesiones eran demasiado caras y no tenía mucho tiempo para asistir, así que suspendí el programa.

Me costó al menos una hora de negociación con el vendedor original, su gerente y el director general para resolverlo. Incluso entonces, me exigieron que pagara un cargo por cancelación. Intentaron que me inscribiera en un plan más barato, que pospusiera mis citas en lugar de cancelarlas e incluso que me tomara tiempo libre en el trabajo para poder asistir a las sesiones. Es absurdo.

Me encontré en una situación similar en otro gimnasio hace unos meses. Las sesiones del entrenador no valían el dinero y acababan entrando en conflicto con otros compromisos. Llamé al gimnasio, ya con una actitud agria por anticipar una pelea con quien necesitaba hablar.

Para mi sorpresa, la primera persona con la que hablé canceló las sesiones sin hacer ninguna pregunta. Me había preparado para ir a por la primera persona que me hizo pasar un mal rato por mi cancelación, y resultó ser una de las experiencias de atención al cliente más agradables que he tenido nunca.

La percepción es importante cuando se trata de la atención al cliente.

Sin embargo, a menudo lo que un cliente percibe como "mal servicio al cliente" es bastante bueno; es sólo su interpretación de la circunstancia. La industria del mueble es un ejemplo clásico de cómo la mala interpretación de un cliente sobre el servicio al cliente puede llevarle a creer que ha recibido un "mal servicio al cliente".

Cuando trabajaba en la industria del mueble, a menudo me encontraba con personas que gritaban, vociferaban e incluso me insultaban en respuesta a una política escrita. Por ejemplo, las entregas de muebles suelen programarse con un plazo de llegada de cuatro horas.

Se trata de una norma del sector porque cada casa es única y no hay forma de predecir cuánto tiempo tardará cada entrega hasta que lleguen los conductores. Las entregas se distribuyen geográficamente para que los vehículos hagan el mayor número de paradas posible; por tanto, no se puede garantizar una hora exacta del día.

A cada cliente se le comunicó la noción de los plazos de entrega y su programación cuando compró sus muebles y, de nuevo, cuando se programó su entrega. Naturalmente, para algunos clientes esto fue insuficiente.

A pesar de haber sido informados dos veces previamente y de tener la política de entrega por escrito adjunta a su recibo de compra, se les metió en la cabeza que eran únicos y que podían elegir su hora de entrega. Aunque estábamos abiertos a complacerles, a menudo era imposible cuando los camiones ya estaban cargados.

Estas llamadas telefónicas a menudo concluían con afirmaciones como "este es un mal servicio al cliente", "no volveré a comprar con ustedes", "así NO es como se lleva un negocio" o, mi favorita, "voy a decir a todos mis amigos que no compren aquí."

Errores comunes.

Hay dos mitos muy extendidos sobre lo que es realmente el servicio de atención al cliente. El primero es que el trabajo de un representante de atención al cliente es llevar a cabo las instrucciones del cliente sin preguntar. Esto es categóricamente falso.

La función de un representante de atención al cliente es dar servicio al cliente y ayudarle. Aun así, como cualquier otra organización, las empresas tienen directrices que su personal debe cumplir y normas específicas que se aplican a los consumidores.

La incapacidad o la negativa de un empleado a desobedecer estas directrices nunca debe considerarse un mal servicio al cliente. En muchas circunstancias, se establecen restricciones para salvaguardar al cliente. En el caso de un minorista de productos médicos, una parte importante de su inventario no se puede devolver por motivos de limpieza.

Este enfoque tiene mucho sentido para los asientos de inodoro, las sillas de ducha y la ayuda para el baño. A pesar de que esta política se expone de forma destacada para que los compradores la vean antes de comprar el artículo, muchas personas siguen intentando devolverlo.

Aunque son conscientes de que el producto no es retornable y nunca comprarían un artículo usado de ese tipo, creen que el comerciante debería aceptar la devolución del artículo si deciden que ya no lo quieren, y si el minorista se niega, el comprador considera la situación como un "mal servicio al cliente".

El otro malentendido común es que el papel de un representante de atención al cliente es soportar el abuso verbal de un cliente. Este comportamiento es totalmente inapropiado e inmaduro. Nunca resolverá un problema gritando, vociferando o insultando a la persona que está al otro lado del teléfono. En el 99% de los casos, la persona que atiende al cliente no tiene la culpa de la razón por la que llama.

Tanto si un consumidor tiene un mal día como si ha tenido encuentros negativos con una empresa en el pasado, esto no le excusa para descargar su ira sobre la primera persona que contesta al teléfono. En innumerables ocasiones, he tenido que colgar a alguien porque se ha pasado de la raya y ha empezado a criticarme personalmente porque estaba descontento con la empresa.

Sugerencias del servicio de atención al cliente.

Entonces, ¿qué constituye un excelente servicio al cliente? El servicio de atención al cliente es un conjunto de factores que proporcionan la experiencia perfecta de atención al cliente.

1. Explicaciones concisas y precisas: Normalmente, un cliente enfadado no está informado. En el caso del minorista de muebles, el consumidor debe recibir una descripción detallada del proceso de entrega. Nunca dé por sentado que el comprador ya está al tanto.

Si no puede prestar un servicio a un cliente debido a una norma, explique por qué. En el caso de la empresa de tarjetas de crédito, el representante debe explicar al consumidor que la normativa sobre el cambio de cuenta está en vigor para salvaguardar tanto al titular como a la empresa de tarjetas de crédito contra el fraude.

2. Un comportamiento tranquilo y educado: Si un representante de atención al cliente no parece amable al teléfono o es sencillamente antipático con las personas, debería buscar empleo en otro lugar.

La forma en que un representante interactúa con un cliente afecta directamente a la respuesta de éste. Un buen representante de atención al cliente se dirigirá al cliente de forma respetuosa, utilizando su nombre de pila sólo cuando se le conceda permiso, y NUNCA levantará la voz.

Un representante de atención al cliente nunca debe intentar hablar por encima de un cliente, ni debe aumentar su volumen en respuesta a que el consumidor sea cada vez más ruidoso. Sea cual sea la parte que parezca ganar una pelea a gritos entre un consumidor y un representante, el agente de atención al cliente ha perdido al involucrarse.

3. Preste mucha atención (y anótela si es necesario): Lo peor que puede hacer un profesional de la atención al cliente es ignorar al consumidor por teléfono. Debe eliminar cualquier distracción y prestar mucha atención al cliente, tomando notas si es necesario. Un representante de atención al cliente inteligente evitará repetir la misma pregunta.

4. Prometer menos y cumplir más: Se trata de un viejo adagio de la atención al cliente. Una parte importante de cómo los consumidores perciben su experiencia general vendrá determinada por las expectativas establecidas. Si el representante de atención al cliente debe ponerse en contacto con el cliente, es importante dar el tiempo suficiente para la devolución de la llamada.

Un representante profesional nunca excederá el tiempo asignado para ponerse en contacto con el cliente y siempre dejará tiempo más que suficiente. Lo mismo ocurre cuando se envían las cosas a un cliente; si el tiempo de tránsito es generalmente de 3 a 4 días, hay que dar un plazo de 4 a 6 días al consumidor. Si el consumidor recibe el producto antes, estará más encantado y percibirá su experiencia como un "excelente servicio al cliente."

5. Mostrar las políticas de forma destacada: Esto es especialmente importante para los minoristas online. Si un producto no es retornable, el minorista es responsable de publicar esta información en un lugar destacado donde el cliente pueda y quiera verlo antes de comprar el artículo.

La relación cliente-cliente es desconcertante, sobre todo a la hora de definir lo que constituye un buen y un mal servicio al cliente. La clave está en que ambas partes mantengan la paciencia y recuerden que dependen la una de la otra por igual para lograr su objetivo final: una experiencia de servicio al cliente positiva.

CAPÍTULO 11
CÓMO OFRECER UN EXCELENTE SERVICIO AL CLIENTE EN EL SECTOR MINORISTA.

Un servicio de atención al cliente eficaz y puntual es vital en cualquier sector. Esto es especialmente cierto en el sector minorista, ya que una empresa que no ofrezca un servicio de atención al cliente excelente y puntual perderá muchos clientes.

Por lo tanto, ¿por qué necesita un servicio de atención al cliente eficiente?

En primer lugar, supongamos que ha comprado recientemente un producto en uno de los grandes almacenes y que más tarde ha tenido un problema con la mercancía, lo que le ha llevado a ponerse en contacto con la tienda para que se la cambien. El establecimiento le ofrece dos opciones:

• Se toman su tiempo para escuchar realmente su problema individual y proporcionar una solución.

• Fabrican justificaciones para negarse a reponer su mercancía.

Como puede ver, la primera opción es bastante buena para retener a los clientes; sin embargo, la segunda opción le dejará insatisfecho y es poco probable que vuelva a visitar esa tienda. El sector minorista necesita un servicio de atención al cliente superior para mantener su posición en el mercado y su reputación.

Ahora, volviendo a la pregunta original, "¿Cómo puede el sector minorista ofrecer un servicio de atención al cliente excepcional?"

Hay algunos elementos importantes que hay que recordar en este caso. Consideremos algunos de los más significativos.

a. Educar a los demostradores en la tienda o a los representantes del servicio de atención al cliente.

Este es un punto importante porque serán ellos los que traten con los clientes en primer lugar. Por ello, es importante que puedan responder a las preguntas que los clientes puedan tener y darles una respuesta.

Además, no todos los consumidores son lo suficientemente hábiles y a menudo confían en estos trabajadores de atención al cliente para que les ayuden a seleccionar un producto y tomar una decisión de compra definitiva.

b. Mostrador de reclamaciones.

A veces, los clientes pueden ser engañados o maltratados por el personal de la tienda. Siempre debe haber un mostrador de reclamaciones para que los clientes puedan informar de sus preocupaciones. Esto transmite que la tienda se preocupa de verdad por sus consumidores y está más que dispuesta a ayudarles si surge un problema.

c. Incluyendo los números de teléfono y otros datos de contacto de los superiores.

Incluir los números de teléfono y otros datos de contacto de los altos cargos de la tienda, como las direcciones de correo electrónico oficiales, puede ser un paso beneficioso para ofrecer una atención al cliente satisfactoria en el sector minorista.

Esto es importante porque el cliente necesita saber a quién dirigirse si sus preocupaciones quedan sin respuesta o si tiene ideas o quejas sobre los productos o los empleados.

El sector minorista es extremadamente competitivo. Con el paso del tiempo, es evidente que los establecimientos que generan más ventas pueden ofrecer una gran experiencia general al cliente.

Tener los últimos productos o artículos de moda ayudará sin duda a generar ventas. Sin embargo, al final, es el nivel de atención al cliente que ofrece la tienda lo que determina si el consumidor vuelve en el futuro.

CAPÍTULO 12
FORMULAR UNA ESTRATEGIA DE SERVICIO AL CLIENTE.

Poco importa que una tienda ofrezca los "mejores productos" posibles en el comercio minorista si prevalece un cliente descontento o no hay clientes que los compren. Los clientes son el activo más valioso de un minorista, sin los cuales éste perecería. Se aconseja encarecidamente que la RSC sea la técnica principal para conseguir una empresa valiosa y floreciente.

En cuanto un consumidor entra en un establecimiento minorista, el aspecto y la sensación son inmediatamente evidentes. La iluminación brillante y los colores cálidos afectan inmediatamente a la percepción del cliente, estableciendo una conexión emocional entre él y la tienda.

Un diseño de tienda agradable que facilite la localización de los artículos y unos empleados serviciales que se centren en las demandas del cliente contribuyen a mejorar rápidamente la experiencia de compra de éste. Prestando mucha atención a las características estéticas, los comerciantes pueden aumentar el valor percibido de sus productos y servicios.

El seguimiento de los factores estéticos es una parte importante del buen trato que el personal del comercio minorista dispensa a los consumidores. El personal del comercio minorista es la cara de la organización. Al ser el primer punto de contacto, su enfoque, conducta y capacidad para establecer una relación determinarán la imagen de la marca.

A través de las quejas de los consumidores, los minoristas pueden comunicarse con los clientes y recabar información específica sobre sus servicios y productos. Entre las quejas más comunes de los clientes se encuentran las siguientes:

1. La tergiversación de los productos y la falta de honradez: Los clientes esperan recibir un trato justo.

2. Trato descortés, grosero e irrespetuoso de los empleados: Los empleados deben tratar a los clientes con dignidad y respeto.

3. Largas colas en las cajas: Los clientes quieren esperar poco tiempo, no horas.

4. Personal ignorante: A los clientes les irritan los empleados que no responden, parecen molestos ante las peticiones o no conocen bien los productos.

5. Empleados con prioridades equivocadas: Los empleados que priorizan sus intereses sobre las necesidades de la empresa irritan a los clientes.

Los clientes suelen responder emocionalmente a los problemas de servicio. Los minoristas deben permitirles desahogar sus frustraciones sin interrupción. Deben ser pacientes y empáticos. El tratamiento de las quejas de los consumidores ofrece a los comerciantes la oportunidad de abordar los problemas relacionados con el servicio.

Los clientes evalúan sus expectativas respecto a los servicios que obtienen. Las expectativas difieren según el tipo de tienda que se visite. Un cliente que visita una tienda especializada en electrónica espera que los vendedores estén bien informados.

En esta circunstancia, los vendedores deben conocer perfectamente lo que se ofrece y ser capaces de mostrar los productos. Si los consumidores no pueden localizar a un representante de ventas cuando es necesario, rápidamente quedarán insatisfechos.

La clave para desarrollar una estrategia de RSC eficaz es pensar de forma creativa en las expectativas del consumidor y diferenciarse en características de servicio importantes de las que carecen los competidores. Los minoristas pueden crear un diseño y un ambiente de tienda atractivos segmentando su base de clientes.

Los profesionales del comercio minorista deben poseer una capacidad de escucha superior, habilidades blandas, habilidades telefónicas, habilidades de escritura y la capacidad de tratar con consumidores difíciles. Tratar las expectativas de los consumidores de forma innovadora y creativa puede animar a los clientes a volver a los comercios y ayudar a difundir el boca a boca positivo, atrayendo a nuevos clientes.

CAPÍTULO 13
AUMENTO DE LA ATENCIÓN AL CLIENTE Y DE LAS VENTAS CON LOS LOCALIZADORES DE VENTA AL PÚBLICO.

En el entorno actual de alta tecnología, el marketing interactivo es importante para ofrecer un servicio superior al cliente y aumentar la rentabilidad de su empresa. Con el vídeo, este nuevo método de marketing es ahora omnipresente.

Los clientes suelen investigar en Internet, comparar precios y visitar las tiendas para comprar los artículos que desean. A la mayoría de la gente le gusta comprar productos en persona, lo que es especialmente importante si necesita ver la calidad o el ajuste del producto antes de comprarlo.

Según Credit Suisse, el 87% de las personas investigan en Internet antes de visitar una tienda física. El año que viene, los ingresos generados por este tipo de compras podrían superar los 1,1 billones de dólares. Se calcula que esto supondrá alrededor de la mitad de todas las ventas minoristas.

Impresionar al consumidor y ofrecer un servicio de atención al cliente excepcional son componentes importantes de cualquier estrategia de venta al por menor. La integración de un sistema de buscapersonas de alta calidad y un sistema de radio bidireccional le proporcionará una ventaja significativa.

Los buscapersonas alfanuméricos son beneficiosos para todo el personal del comercio minorista. Pueden ser económicos y sencillos, lo que los convierte en una excelente alternativa para los propietarios y gerentes de tiendas.

Los miembros del personal pueden recibir notificaciones instantáneas a través de una unidad de notificación instantánea o de una aplicación informática que tenga instalado el programa. Esto dará a su negocio una ventaja sobre los competidores que no disponen de este sistema. También existen localizadores numéricos que pueden utilizarse con mensajes codificados si es necesario.

Los compradores pueden beneficiarse de otro tipo de localizador que les permite realizar otras actividades mientras esperan la ayuda del establecimiento. Los clientes pueden examinar otras mercancías en el establecimiento y aprovechar al máximo su limitado tiempo.

Las operaciones de venta al por menor son caóticas, ya que se realizan muchas actividades delante y detrás del escenario. Hay que investigar al personal, controlar los inventarios y vigilar los fondos. Los clientes no deben ser conscientes de algunas de estas operaciones que tienen lugar justo delante de ellos, ya que quieren y necesitan concentrarse en las compras.

Las radios bidireccionales también son ventajosas en un entorno minorista. Se trata de una herramienta excelente para el personal que espera a un cliente o que necesita comprobar el inventario en la trastienda. No necesitan distraerse o ser molestados por un altavoz que da instrucciones a un empleado de la tienda.

Es un ambiente más propio de un estadio deportivo que de una buena tienda. Cualquier pregunta o necesidad de servicio del cliente tratada con calma y respeto hará que ese cliente vuelva a la tienda muchas veces.

CAPÍTULO 14
EL CHAT DE ATENCIÓN AL CLIENTE ES IMPORTANTE PARA LOS COMERCIANTES EN LÍNEA.

El chat en vivo es una característica esencial para los comerciantes de Internet. Las tiendas online que desean mantener una presencia en línea deben tener un sistema robusto para dar asistencia a sus clientes.

El soporte de chat en vivo del sitio web es un ejemplo de una solución dinámica de atención al cliente que es excelente para proporcionar atención al cliente, asistencia pre- y post-venta, y reducir los gastos de funcionamiento del centro de llamadas.

Una parte importante de los minoristas en línea ha llegado a valorar el chat de atención al cliente, ya que permite a las empresas ofrecer la misma calidad de asistencia al cliente en línea que en la tienda. Permite ofrecer una experiencia superior al cliente y preservar la reputación de la marca.

Según el Informe de Investigación sobre la Eficacia del Chat en Vivo 2010 de Bold Software, el 77% de los clientes declararon que su encuentro con el chat en vivo tuvo un efecto favorable en su opinión hacia la tienda online.

Preferencia Medio.

El servicio de atención al cliente por chat en directo es la forma de comunicación más "preferida". Según el Informe de Investigación sobre la Eficacia del Chat en Vivo 2011 de Bold Software, el 77% de los compradores online prefieren el chat de atención al cliente ya que les permite obtener respuesta a sus problemas al instante.

Otros factores que contribuyen a que el chat en vivo sea más deseado son su eficacia como herramienta de comunicación, la posibilidad de realizar varias tareas mientras se chatea, el buen funcionamiento del chat en vivo y la capacidad de obtener más información que en las conversaciones por correo electrónico o por teléfono.

Aumento de las ventas.

El chat de atención al cliente es una herramienta increíblemente eficaz para atender a los clientes nuevos y a los ya existentes, aumentar las conversiones en línea y generar ventas. Además, los estudios han indicado que el chat en vivo del sitio web mejora las tasas de conversión en línea y reduce el tráfico de llamadas entrantes en un 20%.

El chat de asistencia al cliente contribuye a aumentar las ventas al mejorar la experiencia del cliente, ya que los agentes pueden solucionar rápidamente los problemas, ofrecer asistencia técnica y mucho más. Esto mejora la reputación general de los minoristas a los ojos de sus clientes.

Reducción de las tasas de abandono de carros de la compra.

A todos los comerciantes en línea les preocupa el abandono del carrito de la compra. Se pueden citar muchas razones para que los compradores abandonen sus carritos. Los procedimientos complicados, la información insuficiente sobre el producto o las políticas de envío y cambio, la falta de respuesta del servicio de atención al cliente, así como otros muchos factores, pueden provocar un aumento de las tasas de abandono del carrito de la compra.

Según Forrester Research, el 88% de los visitantes de Internet abandonan sus carritos de la compra en la fase de pago. Los negocios online pueden dirigirse mejor a sus clientes y finalizar sus pedidos online pendientes a través del chat de atención al cliente.

El chat de atención al cliente permite a los comerciantes online ofrecer un servicio de atención al cliente superior, lo que se traduce en un aumento de las conversiones online. Los comerciantes online pueden obtener información importante sobre el comportamiento y las tendencias de los clientes a través del chat de atención al cliente.

Muchos sistemas de chat en vivo ofrecen amplias funciones que proporcionan valiosas estadísticas de mercado e información que puede utilizarse para mejorar la estrategia de chat de atención al cliente.

CAPÍTULO 15
AUMENTAR LA RENTABILIDAD DE SU EMPRESA MEDIANTE UN SERVICIO DE ATENCIÓN AL CLIENTE SUPERIOR.

Aunque suene cursi, el cliente es el rey. Sin cliente, no hay negocio. El servicio y la satisfacción del cliente comienzan cuando se establecen las bases de la empresa y continúan hasta que se tiene el deseo ardiente de mantenerla a flote y con éxito. Un consumidor satisfecho se traduce en más negocio y, a través de la ley de las redes, en una mayor base de clientes.

Así que, ¿qué puede hacer usted personalmente para asegurarse de que tiene un sistema bien engrasado que garantice que ningún consumidor tiene motivos para quejarse y que su empresa siempre ofrece un servicio al cliente relevante, de alta calidad y rápido?

Reconocer los deseos del cliente.

Los nuevos empresarios suelen estar motivados por la emoción más que por la lógica y tienden a ir más allá. La visibilidad de un negocio es importante. Sin embargo, si usted comercializa la luna, es seguro que los clientes vendrán a buscarla.

Comprométase sólo con lo que es capaz de ofrecer. Debe darse cuenta de que el cliente se acerca a usted con una necesidad y quiere que se le satisfaga de inmediato y con los niveles de calidad deseados y esperados, sin que se le dé gato por liebre.

Los clientes no esperan florituras ni ceremonias cuando acuden a usted. Sin embargo, si tiene que suministrarlo, asegúrese de que no lo hace para ocultar un error o un mal intento de vender un producto inferior. Si no puede mantener una promesa, no la haga. Por otro lado, si mira más allá de la simple venta de su producto y ofrece algo inesperado para el cliente, sin duda se ganará su fidelidad.

La comunicación es importante.

Puede tener el mejor equipo de atención al cliente y los mejores vendedores del mundo, pero no le servirán de nada a usted ni al consumidor si no saben comunicarse correctamente. Si ha tenido la suerte de desarrollar una base de clientes devotos, tome las medidas adecuadas para mantenerlos.

Tenga en cuenta la felicidad del cliente. Existen muchas soluciones de software que ayudan a los comercios a recopilar datos de los consumidores que se pueden recuperar cuando sea necesario.

El marketing de boca a boca puede hacer maravillas en su negocio. Mantenga a sus clientes informados con suficiente antelación de las promociones, las ofertas de los festivales, las rebajas de final de temporada y otros eventos similares. Puede estar seguro de que todos sus amigos y familiares se habrán enterado al final del día.

Hacer que un consumidor se sienta deseado y especial puede mejorar significativamente el valor de la conexión. Los envíos de correo y las llamadas telefónicas previas al evento garantizarán que su participación el primer día sea significativamente mayor de lo previsto. Se sabe que los minoristas celebran un día sólo para socios antes de la apertura al público de la venta.

Quejas, consultas y comentarios.

Los comentarios son una herramienta increíble, ya que pueden señalar dónde se está fallando y qué se puede hacer para corregirlo. Por otro lado, si recoge las opiniones y no hace nada con ellas, sus consumidores acabarán por darse cuenta de que no tiene intención de tomar medidas y de que proporcionar información es una pérdida de tiempo.

Introduzca un método sólido de recogida de opiniones, acuse de recibo de las mismas y exprese su gratitud al cliente. Informe al consumidor de que actuará en función de sus comentarios y, cuando se hayan realizado las mejoras necesarias, anímele a que se acerque y sienta la diferencia por sí mismo.

Los minoristas deben tener cuidado con los precios, los procedimientos de cambio y las ofertas especiales. Si tiene políticas que los clientes deben conocer, asegúrese de que se exponen públicamente o se transmiten con eficacia. Acepte cualquier error en la fijación de precios y billetes y conceda al consumidor el beneficio de la duda. Nunca es agradable tener a un consumidor disputando un precio excesivo en su mostrador de salida.

Trate con tacto y diplomacia a los clientes difíciles. Responda rápidamente a los problemas de los clientes, no ignore nunca a un cliente y no lo posponga. Si te retrasas y no puedes cumplir las expectativas del cliente, infórmale.

Póngase en el lugar del cliente.

A menudo, los responsables de las empresas no perciben las cosas a través de los ojos de sus clientes. Es posible que usted dirija un establecimiento de venta al por menor y que, al cenar en un restaurante de élite, prevea un determinado nivel de servicio. Del mismo modo, considérese a sí mismo como su cliente, vea las situaciones a través de los ojos de un cliente, y planifique para proporcionar el tipo de servicio que esperaría.

Nunca está de más adquirir conocimientos a través de la competencia. Aunque puede ser desalentador darse cuenta de que le falta creatividad y de que su competencia destaca en la satisfacción del cliente, vale la pena emular sus ideas si su cliente está satisfecho.

Merece la pena escuchar a su personal de primera línea. Al fin y al cabo, ellos se relacionan con los consumidores a diario y, como resultado, aprenden lo que el cliente quiere en términos de servicio y lo que le irrita de su configuración actual.

Un servicio de atención al cliente coherente, eficiente y puntual, realizado por personal cualificado y con conocimientos, mediante procesos centrados en el cliente y bien practicados, es la base de la felicidad, la retención y la fidelidad de los clientes. Puede llevar días, meses o incluso años construir una imagen de marca, ganarse a un cliente y establecer una conexión, pero puede destruirla en segundos con un movimiento descuidado o estúpido.

Lo mejor sería reunir un equipo dedicado a ofrecer el mejor servicio posible y cultivar un entorno que anime a los consumidores a volver a por más. Sólo entonces podrá afirmar que es capaz de ofrecer un servicio de atención al cliente superior.

CAPÍTULO 16
SERVICIO DE ATENCIÓN AL CLIENTE PARA EL COMERCIO MINORISTA.

Independientemente del tipo de tienda o tiendas que tenga, ya sea en línea a través de una tienda web o en un local real, un excelente servicio de atención al cliente es un requisito ahora, como lo ha sido en el pasado. Tal vez tenga una pequeña operación de venta al por menor con sólo uno o dos sitios web y sin personal o departamento de atención al cliente dedicado.

Eso es aceptable si puede asociarse con un servicio de atención al cliente. Es menos costoso de lo que cree y extremadamente eficaz, ya que los operadores en vivo y en directo responderán a las preguntas de sus clientes, tomarán pedidos y proporcionarán información sobre los productos, todo lo cual le ayudará a vender y promocionar lo que ofrece en línea.

Aunque los correos electrónicos son cómodos, no todo el mundo tiene paciencia, y la persona interesada en sus productos y que tiene una pregunta puede recibir cientos de correos electrónicos diarios en el trabajo. El procedimiento puede quemarles y hacer que no estén dispuestos a enviar otro correo electrónico.

Prefieren hablar con alguien inmediatamente, ya que están interesados en su producto o servicio. Satisfaga y supere sus demandas inmediatas utilizando un servicio de atención al cliente preparado para atender y vender inmediatamente.

Ya sabe lo que es llamar a una tienda y no poder comunicarse; al pulsar esto o aquello no suele haber nadie en la línea, y acaba colgando y haciendo negocios en otra parte.

Permita que esto no le ocurra a su tienda web o a su pequeña tienda física. Permita que un servicio de atención telefónica experto en negocios le proporcione asistencia inmediata y un servicio excelente; esto es lo que puede y hará crecer su negocio.

Un sitio web bien diseñado puede atraer a los visitantes y animarles a visitar su tienda online. Sin embargo, si tienen una pregunta o necesitan información adicional inmediatamente, es un gran punto de venta tener un servicio de atención al cliente para ayudarles.

Al utilizar un servicio de atención al cliente en directo, también podrá establecer la confianza y proporcionar una asistencia rápida y cortés tanto a los clientes existentes como a los nuevos.

Los compradores suelen necesitar respuestas inmediatas a sus preguntas y no siempre querrán enviarlas por correo electrónico. ¿No es mejor hablar con una voz calmada, educada y servicial que enviar un correo electrónico? Efectivamente, así es.

Aparte de tener a alguien disponible en directo para ayudar, otra ventaja de contar con un servicio de atención al cliente es que cuanto más sepan sus clientes sobre sus productos, sus características, su disponibilidad o las novedades que habrá pronto, mejor.

Es beneficioso obtener información oportuna y precisa sobre los productos de su tienda web; también es prudente que las empresas dispongan de un servicio de respuesta para que sus clientes vuelvan y estén satisfechos de haber llamado.

Un servicio de respuesta establece la confianza y demuestra a sus clientes que usted es un negocio en línea de buena reputación comprometido a proporcionar un servicio al cliente genuino.

La utilización de un servicio de respuesta de renombre debería ser un componente de todo su plan de marketing para ayudarle a apoyar y hacer crecer su organización. Es asequible y adaptable; todo lo que tiene que hacer es determinar qué servicio de atención al cliente es el que mejor se adapta a las exigencias de su negocio minorista.

CAPÍTULO 17
CONSEJOS DE ATENCIÓN AL CLIENTE PARA MINORISTAS QUE UTILIZAN SOFTWARE DE PUNTO DE VENTA.

Según los expertos en comercio minorista, el servicio al cliente es el principal factor de diferenciación hoy en día, especialmente para los minoristas independientes. Aunque los minoristas tienen la opción de hacer descuentos, esto tiene poco sentido comercial como punto de diferenciación para un negocio minorista.

El servicio al cliente, en cambio, es el rey. Es una forma de marketing. Es importante para el éxito de cualquier empresa. Los comercios tienen diversas alternativas de marketing en lo que respecta a la atención al cliente, especialmente si utilizan un buen software de punto de venta. Hay muchas formas en las que los comercios pueden aprovechar la tecnología eficaz del punto de venta para mejorar la atención al cliente, entre ellas las siguientes:

Distribuir recibos. Los recibos establecen credibilidad. Considere la posibilidad de establecer un valor mínimo para activar la impresión y minimizar así el consumo de papel. Haga que el nivel mínimo sea más que un solo artículo en la mayoría de las circunstancias, o asegúrese de que el artículo único tenga un valor suficiente para obtener un recibo. 4,95 dólares es un excelente punto de venta para una tienda independiente de tamaño medio.

Apreciamos a sus clientes. Asegúrese de poner una nota de agradecimiento en sus recibos.

Consistencia: Utilice el programa para crear un guión que recuerde al personal hacer los procesos de saludo y agradecimiento durante una transacción.

Proporcione orientación adicional: Asesoramiento sobre la configuración para incluir cada artículo que se vende. Cuando se escanea un artículo, éste aparece en la pantalla. Tómese el esfuerzo de establecer esto y haga que su equipo ofrezca esta orientación como un servicio adicional y complementario.

Utilice una pantalla orientada al cliente: Muestra los artículos escaneados y el precio cobrado. Esto fomentará la confianza. Demasiados establecimientos minoristas no lo hacen y pierden la oportunidad de ofrecer una atención profesional al cliente.

Cada sistema de punto de venta incluye consejos y prácticas para ofrecer una atención al cliente superior. Tómese el tiempo necesario para informarse y adoptarlos. Desarrolle su equipo: Asegúrese de que pueden responder rápidamente a las consultas sobre las cuentas y las mercancías en stock.

Utilice el software: Utilice el software de punto de venta para promover el punto de diferenciación de su negocio. Si no es así, es posible que el programa no se adapte a su negocio.

Agilice el procesamiento de las tarjetas de crédito. Utilice las mejores prácticas del sector para garantizar que las ventas se procesan de forma eficaz y con el menor retraso posible. Utilice las tarjetas magnéticas en la caja registradora.

Al utilizar un software de punto de venta para gestionar la prestación de servicios, la empresa puede anticipar una ejecución más coherente desde el mostrador hasta el back office. Además, puede incluir herramientas para el seguimiento de la participación de los consumidores en los puntos de contacto con el cliente. En este ámbito, la tecnología puede actuar como un amigo de la empresa, ayudando al crecimiento de las ventas.

CAPÍTULO 18
LA FORMACIÓN EN ATENCIÓN AL CLIENTE EN EL COMERCIO MINORISTA ES IMPRESCINDIBLE PARA TODAS LAS EMPRESAS MINORISTAS.

La atención al cliente es una exigencia de todo empleado, independientemente de su rango. Esto es especialmente cierto en los establecimientos minoristas, ya que la felicidad de los clientes influye en la inclinación de los consumidores a comprar y en el deseo de volver a la tienda.

Las empresas cometen un grave error al subestimar la importancia del negocio recurrente para sus resultados. El enfoque más seguro para asegurar la repetición del negocio y unos ingresos saludables es establecer una reputación de servicio al cliente superior.

Cada empleado debe esforzarse por ofrecer un servicio de atención al cliente superior. Sin él, el negocio fracasaría y no se crearía empleo. El servicio al cliente es importante para la seguridad del empleo y la viabilidad del negocio.

Una norma decente para los empleados es atender a los clientes de la manera en que le gustaría ser tratado y recordar estas expectativas. Todos exigimos un excelente servicio al cliente a las empresas, especialmente a los establecimientos minoristas.

La formación en materia de atención al cliente para los asociados y supervisores del comercio minorista debería incluir siempre esta "regla de oro" entre las normas a las que hay que aspirar. Debe ser un recordatorio continuo a lo largo de su empleo.

Los clientes deben ser y son la máxima prioridad en cualquier establecimiento minorista. En cuanto un consumidor entra en su establecimiento, su atención debe centrarse en él. Sin clientes, no hay negocio; y sin negocio, no hay empleo.

Es importante saludar adecuadamente al consumidor. ¿Le gustaría que le recibiera un vendedor con cara triste que desprecia su trabajo si estuviera comprando un traje? No. Saludar a los clientes con una sonrisa les invita a comprar, les permite hacer preguntas y les anima a gastar su dinero y su tiempo en su tienda.

A veces, los consumidores llegan con un temperamento más desafiante por una causa desconocida. Sin embargo, saludar a los visitantes con un tono alegre de "me encanta mi trabajo" contribuirá en gran medida a que se sientan bienvenidos.

Tratar con el cliente más difícil es un tema importante que debe abordarse durante la formación de los empleados, ya que todos sabemos que no todos los clientes entran en una tienda sonriendo; sin embargo, este escenario también puede manejarse con profesionalidad. Si tiene dificultades en este ámbito, no tema; existen estrategias probadas para ayudarle.

En el sector minorista, comprobar periódicamente la presencia de un cliente mientras compra es un método eficaz para transmitir la impresión de que la empresa valora su negocio y aprecia su patrocinio. Si ve a un comprador que parece perdido, desconcertado o frustrado, acérquese a él y pregúntele si necesita ayuda.

Cuando los clientes quieren comprar tranquilamente, bombardearlos con información puede ser un tremendo rechazo. Conozca todos los productos que se venden en su tienda y esté preparado para responder a cualquier pregunta. Asegúrese de estar preparado con todas las respuestas necesarias para asistir a un cliente de antemano y mantenga un equilibrio en sus expresiones de conocimiento del producto.

En el caso de la ropa, los comercios minoristas comprueban regularmente a los consumidores en los probadores, pero evite molestarlos interrumpiendo con demasiada frecuencia. Si le piden su opinión, sea siempre sincero y respetuoso en sus respuestas.

Diríjalos a la caja registradora cuando un cliente haya completado sus selecciones y esté preparado para pagar. Si es usted el encargado de la caja, asegúrese de que todo les ha parecido satisfactorio. Tome nota de cualquier inquietud o sugerencia que le hagan y tal vez las transmita a su dirección una vez finalizada la venta. Sonría siempre. Agradezca al cliente que haya comprado en su tienda.

Los comercios minoristas deben ofrecer una excelente atención al cliente y recordatorios periódicos a los empleados, como películas o manuales de atención al cliente. Los clientes deben sentirse deseados, informados y asistidos a lo largo de su experiencia de compra.

Haga que el cliente se sienta apreciado y valorado, y volverá a su establecimiento. Recuerde que un cliente satisfecho ahora es otro cliente mañana: la repetición es la base del éxito futuro de un negocio.

CAPÍTULO 19
RESPETAR LA REGLA DE ORO DE LA ATENCIÓN AL CLIENTE.

"Trata a los demás como quieres que te traten". No te preocupes; ¡no estoy intentando convencerte de que asistas a la escuela dominical con la apariencia de un artículo comercial! Sin embargo, esta regla se nos ha enseñado de una forma u otra desde que tenemos uso de razón. Muchas personas se esfuerzan por vivir según esta regla a diario. Sin embargo, ¿cuántos de nosotros se adhieren a una noción tan simple en los negocios?

Tras un mal encuentro de ventas, la mayoría de los clientes no están demasiado insatisfechos con el producto o el servicio. Es cierto que podría haber sido el origen del problema. Sin embargo, la mayoría entiende que no vivimos en un mundo perfecto y que las cosas no siempre funcionan. Si te paras a pensarlo, esta puede ser la regla más importante a seguir en los negocios.

La mayoría de las personas salen de estas situaciones disgustadas por la forma en que se les ha tratado. Creen que han pagado por un producto o servicio que no ha funcionado adecuadamente por una u otra razón. Esto les enfurece, pero lo que realmente les enfurece es la sensación de que a nadie le importa.

Todos nos hemos encontrado con un mal servicio al cliente. Los que nos dedicamos a las ventas hemos estado en ambos lados de esas discusiones. Cuando estamos en el papel de vendedores, podemos estar agotados después de un largo día. Podemos estar experimentando dificultades en nuestra vida personal. Puede que simplemente nos hayamos levantado de mal humor esa mañana. Ninguna de esas cosas es intrínsecamente incorrecta.

Sin embargo, nuestra responsabilidad es dejar de lado todas esas cosas para servir a las personas que nos compensan. Por eso, en mi opinión, los vendedores deberían estar obligados a cursar Actuación 101.

En un mundo ideal, siempre estaríamos realmente interesados en escuchar a nuestros clientes y ayudarles a determinar las mejores opciones para ellos. Sin embargo, como todos sabemos, eso es casi imposible a diario, ¡sin una receta bastante importante de Prozac! Los vendedores son simplemente: individuos. No siempre estaremos en nuestro mejor momento, pero debemos ser capaces de "actuar" como si lo estuviéramos. Actuar de forma convincente como si lo estuviéramos.

Por otro lado, como humanos, los vendedores nos enfrentamos continuamente a circunstancias en las que somos consumidores. Seguro que te has encontrado con algunos vendedores que te han frustrado o que no son todo lo serviciales que desearías.

Nunca seremos perfectos en todos nuestros contratos con los clientes. Sin embargo, supongamos que intentamos tener siempre presente la vieja "regla de oro" cuando interactuamos con los consumidores. En ese caso, creo que nuestro empleo sería más divertido, nuestros clientes más felices y, sí, incluso nuestros ingresos se ampliarían!

CAPÍTULO 20
CONSEJOS PARA MEJORAR LA ATENCIÓN AL CLIENTE EN EL SECTOR MINORISTA.

Este CAPÍTULO explora consejos eficaces para mejorar su servicio de atención al cliente en el sector minorista. Son los siguientes:

Involucre a su personal; los empleados deben creer que forman parte de algo más grande que ellos mismos. La comunicación, en ambos sentidos, es vital para garantizar que sus empleados se comprometan con su negocio. Mantenga un mínimo de reuniones mensuales.

Además, solicite su opinión a través de una encuesta o sondeo: Atienda a las sugerencias que le hagan. Por último, reconozca a los empleados que hayan realizado un trabajo superior a la media. A los que tengan dificultades, proporcióneles los recursos necesarios para que sigan aprendiendo y se sientan motivados y comprometidos para convertirse en un miembro dinámico de su organización.

No espere nada menos que lo mejor de sus empleados y nada menos de sus consumidores: Los clientes acabarán esperando que mantenga ese excelente nivel de servicio al cliente y volverán si lo consiguen. Haga todo lo posible por proporcionar un servicio de alta calidad a sus clientes de forma constante. No se deben tolerar los "días libres", aunque el personal sea limitado.

Felicite y reconozca el esfuerzo de sus empleados; los empleados que tienen una actitud positiva hacia su trabajo prestarán un servicio al cliente más auténtico. Puede felicitarlos con un diploma expuesto en la sala de descanso, tiempo libre, un almuerzo o simplemente una palmada en la espalda y un "¡bien hecho!".

Evalúe periódicamente sus políticas y procedimientos para asegurarse de que no están anticuados; asegúrese de que sus procedimientos no son excesivamente estrictos y de que sus políticas no son excesivamente largas y lentas. Asegúrese de que las políticas se mantienen actualizadas y reflejan el propósito de la organización de proporcionar un servicio al cliente excepcional.

Preste atención a su cliente: Escuchar activamente puede diferenciar entre retener o perder un cliente. Reconozca y atienda las consultas y preocupaciones de sus consumidores. Demuéstrele a su cliente que ha escuchado lo que ha dicho. Agradézcales sus comentarios; es una excelente manera de ayudar a su empresa a crecer y mejorar.

Pregunte a una persona ajena a la empresa su opinión sobre su establecimiento. Los comentarios sinceros de personas a las que respeta pueden ayudarle a garantizar que su establecimiento tenga el mejor aspecto y el mejor sonido. Considere su negocio con nuevos ojos para verlo a través de los ojos de su cliente; asegúrese de que sus expositores son dinámicos y atractivos, su mensaje de voz es actual y preciso, y su sitio web y sus páginas de Facebook están al día.

Atraiga a su cliente: Mantenga una exposición vibrante y anime a los visitantes a explorar las novedades. No tenga miedo de preguntar cómo puede mejorar su servicio para ellos. Incorpore a su negocio un programa de compradores frecuentes o de fidelización. Crear "dólares de la tienda" en los que un consumidor gane una pequeña bonificación por comprar con usted o proporcionar un cupón por las compras que superen una determinada cantidad de dólares puede ayudar a un cliente a sentirse apreciado.

Nunca pronuncie la palabra "no": Cuando un cliente pida algo, descubra cómo satisfacer esa petición. Ofrecerle opciones puede suponer la diferencia entre decir "sí" y verse obligado a decir "no". Pregunte qué otra cosa podría saciarles.

Respete a su consumidor: Cuando esperen que les atienda, reconózcalo. Apreciamos que le hayan elegido a usted. Solicite que le pongan en espera. Apreciamos su paciencia. Mantenga un comportamiento agradable y seguirá siendo un cliente fiel.

CONCLUSIÓN.

Desde hace algunos años, los clientes desilusionados investigan en línea los productos que desean comprar para garantizar que toman las mejores decisiones de compra.

Buscan en los comentarios de los productos, en las opiniones de los usuarios e incluso en las comparaciones técnicas de los artículos. Comparan las garantías, la durabilidad y el historial del fabricante, así como el comerciante en el que van a realizar la compra.

Toda mi autoinvestigación tiene su origen en una notable disparidad en los niveles de servicio de algunos establecimientos, sobre todo los que tienen una mala asistencia al cliente. Sin recomendaciones autorizadas del personal de la tienda, un cliente interesado en comprar algo en un establecimiento con poca atención al cliente carecerá de confianza para tomar una decisión de compra.

Como es lógico, cuanto mayor sea el tamaño y el coste del objeto, mayor será la diferencia de servicio. Las compras de artículos de alto precio requerirán una investigación exhaustiva en línea antes de que el comprador realice la compra. Normalmente, cuando los clientes visitan la tienda para comprar, se limitan a hacer un pedido con poca interacción con el dependiente.

Los clientes están tomando conciencia de que ahora hacen las funciones del vendedor en la tienda. Toda la investigación que realizan para que el personal de la tienda les proporcione una decisión de compra informada, pero no es así. ¿Cuánto tiempo más pueden los consumidores que trabajan más duro que nunca para ganar su dinero soportar un servicio al cliente deficiente en las tiendas?

Los consumidores están despertando y se está gestando una reacción. Los consumidores desean volver a un servicio de atención al cliente excelente, pero también reconocen algo nuevo: el compromiso del cliente. El servicio de atención al cliente moderno no existe; en el pasado existía un servicio de atención al cliente a la antigua usanza. Ahora, el compromiso del cliente eleva la experiencia de compra a nuevas cotas.

¿Qué distingue un excelente servicio al cliente de la implicación del cliente? Un servicio de atención al cliente excelente incluye un conocimiento superior del producto, demostraciones y recomendaciones hechas por empleados de la tienda que tienen conocimientos y autoridad.

El compromiso con el cliente implica todo lo anterior y un conocimiento profundo de las necesidades del cliente, así como el establecimiento de una relación a largo plazo con él. Un empleado que se compromete con los clientes llegará a conocerlos íntimamente, pero también se anticipará a las futuras necesidades del cliente y le ofrecerá soluciones.

Por ejemplo, el cliente comprometido de hoy en día que compra una nueva cámara réflex informa al vendedor de que tiene la intención de comprar un kit de objetivos complementarios una vez que domine los entresijos de su nueva cámara.

El vendedor conoce perfectamente las exigencias y los hábitos de compra del cliente y ha desarrollado una sólida relación con él. También entiende las futuras aspiraciones de compra del cliente y hará un seguimiento y estará presente cuando el cliente haga su próxima compra.

El compromiso con el cliente establece una conexión entre su tienda y el cliente, que luego se olvida de la competencia. El compromiso con el cliente le ayudará a diferenciarse de la competencia y a allanar el camino para futuras ventas.

ACTÚA AHORA MISMO.

1) Cree una nueva metodología de atención al cliente para su personal. Considere las medidas que tomará en la sala de ventas para ayudar al cliente a conectar con su tienda a través de la interacción con el cliente.

2) Discuta con el personal de ventas cómo el compromiso con el cliente se traduce en ingresos y fidelidad a largo plazo.

Habilidades de gestión para directivos.

1. Gestión del tiempo para directivos
2. Coaching de empleados para directivos
3. Creación de equipos para directivos
4. Confianza en sí mismo para directivos
5. Habilidades de negociación para directivos
6. Habilidades de atención al cliente para directivos
7. Asertividad para directivos
8. Etiqueta empresarial para directivos
9. Habilidades de escucha para directivos
10. Habilidades de liderazgo para directivos
11. Habilidades de comunicación para directivos
12. Habilidades de presentación para directivos
13. Gestión del estrés para directivos
14. Toma de decisiones para directivos
15. Gestión de conflictos para directivos.

Serie: Libertad financiera a cualquier edad.

- Lograr la libertad financiera a los 20 años
- Conseguir la libertad financiera a los 30 años
- Conseguir la libertad financiera a los 40 años
- Conseguir la libertad financiera a los 50 años
- Conseguir la libertad financiera a los 60 años
- Alcanzar la libertad financiera a los 70 años y más.
- Conseguir la libertad financiera en los niños
- Lograr la libertad financiera en los adolescentes
- Lograr la Libertad Financiera en los estudiantes universitarios.
- Estafas financieras a tener en cuenta en la jubilación.

Serie: Finanzas personales para usted.
- ➢ Compra y venta de criptomonedas para principiantes
- ➢ Por qué tiene sentido invertir en acciones de dividendos.

Serie: Riqueza 2022.

1. Emprendimiento en línea.
2. Empezar tu propio negocio
3. Gestión de la riqueza
4. Ingresos pasivos.
5. 12 pasos para iniciar su propio negocio.

Biografía del autor

D.K. Hawkins A D.K. le gusta leer libros de negocios personales, así como pasar tiempo al aire libre. Más libros vendrán en esta colección, así que por favor siga en Amazon para más libros.

Gracias por su compra de este libro.

Honestamente lo aprecio y te aprecio a ti, mi excelente cliente.

Que Dios le bendiga.

D.K. Hawkins.